介護で役立つ！

お薬&医学 の知識

produced by **U-CAN** Learning Publications

この本の
使い方

本書『介護で役立つ！　お薬＆医学の知識』は、介護職従事者の方に必要な「お薬の情報」と「医療知識の情報」がコンパクトにまとまった、持ち運びに便利な1冊です。

疾病別お薬の知識
(P21～154)

「疾病別」「薬効分類別」に、737種のお薬の情報を掲載。1ページにつき2つの薬効分類に整理し、とっさの時でも見やすいよう工夫しています。

疾病に関連する「知っ得コラム」に役立つ情報を厳選掲載。

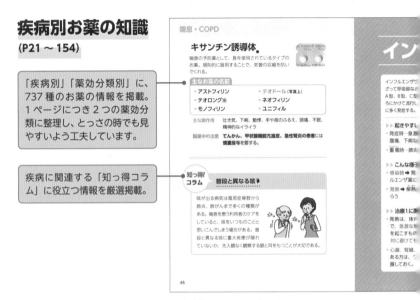

高齢者に多くみられる症状とその介助 (P177～243)

後半には、「高齢者に多くみられる症状とその介助」に関する情報を掲載。介護の現場で遭遇しやすい主な疾病の基本情報や介護のポイントをわかりやすくまとめてあります。

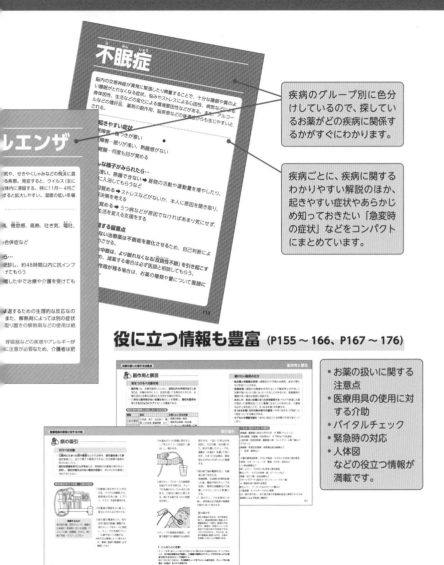

不眠症

脳内の交感神経が異常に緊張したり興奮することで、十分な睡眠や質のよい睡眠がとれなくなる症状。悩みやストレスによる心因性、病気などによる身体的、生活などの変化による環境要因性などがある。また、アルコールなどの嗜好品、薬剤の副作用がある。精神疾患などの後遺からも生じやすいとされる。

起きやすい症状
・入眠障害…寝つきが悪い
・熟眠障害…眠りが浅い、熟眠感がない
・早朝覚醒…何度も目が覚める

こんな様子がみられたら…
・眠りが浅い、熟眠できない→昼間の活動や運動量を増やしたり、寝る前に入浴してもらうなど
・早朝に目覚める→ストレスなどがないか、本人に原因を聞き取り、解決策を考える
・夜中に目覚める→うつ病などが原因でなければあまり気にせず、生活を変える支援を行う

介護する留意点
・慣れない治療薬は不眠症を悪化させるため、自己判断による服用はさせない
・投与中断は、より眠れなくなる「反跳性不眠」を引き起こすため、減薬する場合は必ず医師と相談してもらう
・作用が残る場合は、お薬の種類や量について医師に

疾病のグループ別に色分けしているので、探しているお薬がどの疾病に関係するかがすぐにわかります。

疾病ごとに、疾病に関するわかりやすい解説のほか、起きやすい症状やあらかじめ知っておきたい「急変時の症状」などをコンパクトにまとめています。

役に立つ情報も豊富 （P155〜166、P167〜176）

・お薬の扱いに関する注意点
・医療用具の使用に対する介助
・バイタルチェック
・緊急時の対応
・人体図
などの役立つ情報が満載です。

本書は『介護職従事者必携！　2訂版 介護の現場で役立つ お薬&医療知識ハンドブック』を改訂増補したものです。

目次

5

薬剤名の索引

13

17

疾病別お薬の知識

※P23〜154の「主なお薬の名前」欄の後マークは、そのお薬に後発
医薬品(ジェネリック医薬品)があることを示しています。

高血圧
こう けつ あつ

心臓が収縮する際に、動脈の血管壁に圧力をかけるとき (収縮期) の血圧値が140mmHg以上*、血液を取り込んで広がったとき (拡張期) の血圧値が90mmHg以上*の状態が続く疾患。遺伝や環境 (食事、運動不足、ストレス) などを原因とする本態性のものと、各種疾患が原因とされる二次性のものとがある。

*日本高血圧学会で定めている数値

··

▶▶ 起きやすい症状

- 頭痛、吐き気、めまい、意識障害、脳梗塞、腎障害、狭心症など

▶▶ こんな様子がみられたら…

- 尿閉、胸痛 ➡ 腎症や心筋梗塞などの合併症が心配されるため、すぐに受診を

- ひどいめまい、意識障害 ➡ 降圧薬が作用しすぎている可能性があるため、血圧を測定し、すぐに医療機関へ

▶▶ 治療に関する留意点

- 治療薬の作用が強いと急激に血圧が下がることがあるので、介護者は必ず定期的に血圧を測定し、ふだんの血圧値を把握しておく。

- 各種治療薬は、血圧を適正値に下げて合併症を防ぐための対症療法なので、服薬だけでなく、食生活や運動による予防もすすめる。

アンジオテンシン変換酵素阻害薬 (ACE阻害薬)

血圧を上昇させる「アンジオテンシンⅡ」を抑制して血管を広げ、さらに、血圧を低下させる物質を活性化するお薬。

主なお薬の名前

- アデカット
- エースコール (写真上)
- コバシル
- セタプリル
- タナトリル
- チバセン
- レニベース
- ロンゲス

主な副作用　せき、のどの違和感、血圧の急激な低下、めまい、立ちくらみ、血管浮腫、発疹、かゆみ

服薬中の注意　**腎機能疾患がある人**の場合、症状が悪化する傾向があるため**服薬には注意を。**

アンジオテンシンⅡ受容体拮抗薬 (ARB)

血圧を上昇させる「アンジオテンシンⅡ」という体内物質の受容体を遮断して、血管を拡張させることで血圧を下げるお薬。

主なお薬の名前

- アジルバ
- アバプロ
- イルベタン
- オルメテックOD
- ディオバン (写真上)
- ニューロタン
- ブロプレス
- ミカルディス

主な副作用　過度の血圧低下によるめまい、ふらつき、立ちくらみ、頭痛、動悸、倦怠感、手足のしびれ

服薬中の注意　**お薬が効きすぎて血圧が下がりすぎると、まれにめまいや失神を起こす**場合がある。

カルシウム拮抗薬
きっ　こう

細胞のカルシウムチャネルをふさぐことで動脈の血管壁にある平滑筋の収縮を抑え、血管を広げて血圧を下げるお薬。

主なお薬の名前

- アダラートCR/L（写真上）
- アムロジン
- コニール
- ノルバスク
- アテレック
- カルブロック
- ニバジール
- ヘルベッサー

主な副作用　顔のほてり、潮紅、頭痛、動悸、めまい、足のむくみ、歯肉の腫れ、頻脈、胸の痛み

服薬中の注意　**過度の血圧低下**によって、**一過性の意識消失**などのおそれもあるので、注意する。

利尿薬
り　にょう

血液中の水分が増えて、血管を流れる血液の全体量が増えると血圧が上がる。それを防ぐために、尿の出をよくするお薬。

主なお薬の名前

- アルダクトンA
- ノルモナール
- フルイトラン
- ラシックス
- ナトリックス
- バイカロン
- ベハイド（写真上）

主な副作用　倦怠感、めまい、ふらつき、立ちくらみ、糖尿病や痛風の悪化、光線過敏症による発疹

服薬中の注意　**めまい、ふらつき**があらわれる場合があるので、服薬中は**車の運転**などは控えること。

<ruby>α β<rt>アルファベータ</rt></ruby><ruby>遮断<rt>しゃ だん</rt></ruby>薬

β受容体を遮断して心拍数を減らす作用と、α受容体
を遮断して<ruby>末梢<rt>まっしょう</rt></ruby>血管を拡張する作用により、血圧を
下げるお薬。

ローガン10mg

ローガン10mg ローガン10mg
LT 005
高血圧治療剤 高血圧治療剤

主なお薬の名前

- アーチスト
- アロチノロール塩酸塩 [後]
- カルバン
- トランデート
- ローガン（写真上）

主な副作用　倦怠感、めまい、動悸、<ruby>徐脈<rt>じょみゃく</rt></ruby>、低血圧、眠気、発疹、
かゆみ、息切れ、咳

服薬中の注意　併用に注意する薬が多い。糖尿病治療薬と併用して
いる場合は低血糖の副作用に注意が必要。

....

知っ得!
コラム

味覚異常に注意

高齢者や認知症患者は味覚中
枢に障害が生じている場合も多
く、塩味・甘味・酸味・苦味な
どを感じにくくなっていること
があります。そうした場合、塩
分の摂りすぎが血圧の上昇を
招くこともあるので、利用者の
味覚には注意を払いましょう。

β遮断薬

ノルアドレナリンとβ受容体との結合を妨げることによって心臓の心拍数を減らし、血圧を下げる効果が期待できるお薬。

主なお薬の名前

- アセタノール
- インデラル（写真上）
- ケルロング
- セレクトール
- セロケン
- テノーミン
- ミケラン
- メインテート

主な副作用　倦怠感、めまい、徐脈、低血圧、手足の冷え、しびれ感、目の乾燥、眠気、不眠、幻覚

服薬中の注意　**高度の徐脈**や**心不全**がある人は**服薬できない**ものが多い。医師の指示をしっかり守ること。

α遮断薬

刺激されると血管を収縮させて血圧を上げてしまうα受容体を遮断し、末梢血管を拡張させることにより血圧を下げるお薬。

主なお薬の名前

- エブランチル（写真上）
- カルデナリン
- デタントール
- ハイトラシン
- バソメット
- ミニプレス

主な副作用　倦怠感、めまい、立ちくらみ、動悸、頻脈、尿もれ、頻尿、吐き気、鼻づまり、頭痛、眠気

服薬中の注意　肝臓で代謝されるお薬のため、**肝臓の働きが悪い人の服用には注意**が必要。

合剤 (利尿薬+ARB)

ARBと少量の利尿薬の成分が配合されたお薬。2つの異なる成分により、高い降圧効果が期待できる。

主なお薬の名前

- イルトラ HD/LD
- エカード HD/LD
- コディオ EX/MD
- プレミネント HD/LD (写真上)
- ミコンビ AP/BP
- ロサルヒド 後

主な副作用　倦怠感、めまい、頻尿、頭痛、尿酸値の上昇、腎機能の一過性の悪化、血圧低下、しびれ

服薬中の注意　**お薬の効果が高いため、血圧が下がりすぎるとめまいや立ちくらみを起こす場合**がある。

合剤 (ARB+Ca 拮抗薬)

ARBとカルシウム (Ca) 拮抗薬の利尿成分が配合されたお薬。心臓や腎臓への負担を減らしながら高い降圧効果が期待できる。

主なお薬の名前

- アイミクス HD/LD
- アテディオ
- エックスフォージ (写真上)
- ザクラス HD/LD
- ミカムロ AP/BP
- ユニシア HD/LD
- レザルタス HD/LD

主な副作用　倦怠感、めまい、ふらつき、立ちくらみ、ほてり、失神、急性腎不全、低血糖、頭痛

服薬中の注意　利尿作用があるため、**夏季など体内の水分が減少しがちな時期の服用には注意が必要。**

アルドステロン拮抗薬
きっ　こう

腎臓に働きかけて、体の余分な水分を塩分とともに
尿で排出することによって、血圧を下げる効果がある
お薬。

主なお薬の名前

- アルダクトンA
- スピロノラクトン 後
- セララ (写真上)
- トリテレン

主な副作用　頭痛、めまい、倦怠感、吐き気、消化不良、頻尿、
多尿、筋肉のけいれん、発疹

服薬中の注意　**飲み合わせに注意が必要な場合が多い。服用後は高
所作業や車の運転に注意**する。

レニン阻害薬

血圧の上昇にかかわる体内サイクルの起点となるレ
ニンという酵素を抑えることで、降圧効果を発揮する
お薬。

主なお薬の名前

- ラジレス (写真上)

主な副作用　めまい、ふらつき、頭痛、腎機能の低下、下痢、
発疹

服薬中の注意　**腎臓に持病があったり、血液透析や減塩療法を行っ
ている場合は、服用できないことがある。**

合剤 (Ca拮抗薬+スタチン)

カルシウム (Ca) 拮抗薬と、高コレステロール血症治療薬のスタチンを配合した降圧薬。血圧を下げる働きと、狭心症の発症を抑える効果が期待できる。

循環器系疾患

主なお薬の名前

● **カデュエット** (写真上)

主な副作用	顔のほてり、頭痛、黄疸、倦怠感、動悸、めまい、立ちくらみ、胃部不快感、吐き気
服薬中の注意	肝機能異常がある人やアルコールを多飲している人は重大な副作用が出やすいので注意。

知っ得!
コラム　　**脈拍数を測る習慣**

高齢者の場合、1分間の心拍数の正常値は60〜80回で、それよりも極端に多い(頻脈)、あるいは少ない場合(徐脈)、狭心症や心筋梗塞といった重大な病気のおそれもあります。病気の発見や予防のために、心拍数などのバイタルサインのチェックを習慣づけるとよいでしょう。

狭心症・心筋梗塞(虚血性心疾患)

狭心症は、心臓の周りの冠状動脈が狭窄し、心筋に一時的に血液が供給されにくくなる疾患で、心筋梗塞は、冠状動脈が閉塞を起こし、血液が供給されなくなることで心筋に壊死が生じる疾患である。両者を総じて「虚血性心疾患」とよぶ。狭心症には、冠動脈の粥状*動脈硬化 (アテローム硬化) が関与するとされる。

*まだら様の脂溶性沈着物

▶▶ 起きやすい症状

- 肩こり、胸やけ、歯痛、強い胸の締めつけ、息切れ、胸痛、上腹部痛、呼吸困難、不整脈、頻脈など

▶▶ こんな様子がみられたら…

- 心臓を急激に絞られるような強い胸痛が続く ➡ 心筋梗塞が疑われるため、すぐに救急搬送を

- 一時的な胸痛 ➡ 狭心症から心筋梗塞に移行する場合があるので、すぐに救急搬送を

- 軽い息切れ ➡ 無痛性心筋梗塞も考えられるため、心配であればすぐに受診を

▶▶ 治療に関する留意点

- 糖尿病や高血圧、脂質異常症、動脈硬化、心不全などの**合併症を起こしていることが多く**、いろんなお薬を処方されている人もめずらしくない。本人が**きちんと服薬管理をできているか、観察や介助が必要。**

- 服薬数が増えるとお薬の飲み合わせも心配されるため、**服薬中の注意点も事前に把握しておく。**

硝酸薬
しょうさん

狭心症に用いられる代表的なお薬の一つ。血管を拡張させることで、心臓の負担を軽くする効果がある。

主なお薬の名前

- アイトロール
- ニトロダーム TTS（貼付剤）
- フランドル（貼付剤）
- ミニトロテープ（貼付剤）
- ニトロール
- ニトロペン舌下錠（写真上）
- ミオコールスプレー
- ミリステープ（貼付剤）

主な副作用　頭痛、ほてり、めまい、ふらつき、立ちくらみ、動悸、血圧低下、吐き気
どう
き

服薬中の注意　主に発作時や、発作予防に用いるお薬であり、狭心症の根治を目的としたお薬ではない。

抗血小板薬

血液を凝固させる働きのある血小板の働きを抑えて、血管内に血液のかたまり（血栓）ができるのを予防するお薬。
けっせん

主なお薬の名前

- エフィエント
- タケルダ
- パナルジン
- プラビックス（写真上）
- コンプラビン
- バイアスピリン 後
- バファリンA81 後
- プレタール

主な副作用　吐き気、食欲不振、胃痛、腹痛、じんましん、肝機能の悪化、鼻血、皮下出血

服薬中の注意　血液を凝固させにくくするお薬であるため、**脳出血などの重篤時には注意**が必要。
じゅうとく

カルシウム拮抗薬

血管を広げることで血流を改善し、心臓の収縮を抑えることで、心臓を休ませる効果のあるお薬。

主なお薬の名前

- アダラートCR/L
- アテレック
- アムロジン
- カルブロック（写真上）
- コニール
- ノルバスク
- ヘルベッサー
- ワソラン

主な副作用　血圧の低下によるめまい、顔のほてり、頭痛、動悸、足のむくみ

服薬中の注意　**過度の血圧低下により意識障害を起こすことがある**ため、十分に気をつける。

β遮断薬

心拍数を高めてしまう交感神経を遮断し、心拍数を適切な値に保つことで心臓を休ませる効果のあるお薬。

主なお薬の名前

- アセタノール
- アドビオール
- インデラル
- ケルロング
- セレクトール
- セロケン
- テノーミン
- メインテート（写真上）

主な副作用　倦怠感、めまい、徐脈、急激な血圧の低下、手足の冷え、目の乾燥、睡眠障害

服薬中の注意　**あわせて服薬することによって副作用が生じる危険性のあるお薬が多い**ので注意が必要。

カリウムチャネル開口薬

心臓の表面を覆うように走っている冠状動脈を拡張させることで心筋へ流れる血液の量を増やす。心臓に栄養を送る助けをするお薬。

主なお薬の名前

● **シグマート**（写真上）　　● **ニコランジル** 後

主な副作用　頭痛、動悸、胃痛、肩こり、顔面紅潮、悪心、食欲不振、眠気、不眠、便秘、下痢

服薬中の注意　**重篤な肝機能障害**がある人や、**緑内障**を患っている人は**服薬に際し注意**が必要。

その他の冠拡張薬

主に冠血管を拡張させ、血流量を増大させる作用をもつお薬や、血栓・塞栓を抑制するお薬。

主なお薬の名前

● **コメリアンコーワ**　　　● **ジピリダモール** 後
● **ジラゼプ塩酸塩** 後　　　● **トラピジル** 後
● **バスタレルF**　　　　　● **ペルサンチン**（写真上）
● **ロコルナール**

主な副作用　発疹、頭痛、めまい、ふらつき、悪心、食欲不振

服薬中の注意　ふだんから服用を続けて発作を予防するお薬なので、発作の際に服用するものではない。

不整脈

心臓の脈動（一般的な正常脈拍数：60～80回／分）が速くなったり遅くなったりと不規則に乱れる状態。心疾患から生じる症状で、脈が飛ぶ期外収縮、脈が速くなる（100回以上／分）頻脈、脈が遅くなる（60回未満／分）徐脈がある。加齢が原因の場合もあるが、異常に気づきにくい高齢者もいるので注意する。

▶▶ 起きやすい症状

- 頻脈、徐脈、チクリとした胸痛、ドクンとする強い動悸、めまい、けいれんなど

▶▶ こんな様子がみられたら…

- 喫煙、過度の飲酒、カフェインの摂取、コレステロールの高い食事 ➡ 生活の改善を促す
- 不整脈が続く ➡ 心不全や心停止のおそれがある場合はペースメーカーの装着を要する
- 意識障害、心停止 ➡ 直ちに救急搬送を

▶▶ 治療に関する留意点

- **心疾患、肥満、高血圧、糖尿病、脂質異常症、甲状腺機能障害**などが原因で不整脈を**発生している場合**、原因疾患の治療も並行して行われる。
- 不整脈は**お薬の副作用**から起こる場合もあるので、**使用薬の内容**を確かめておく。

ナトリウムチャネル遮断薬
（Vaughan Williams Ⅰa群）

心臓の脈拍をコントロールしている電気信号の乱れを抑え、脈のリズムを整えるお薬。さまざまな原因による不整脈に処方される。

主なお薬の名前

- アミサリン
- シベノール
- ピメノール
- リスモダンR/カプセル（写真上）

主な副作用　不整脈の重篤化、吐き気、食欲不振、頭痛、発疹

服薬中の注意　**疾患とは別の不整脈を誘発する場合がある**ため注意する。

ナトリウムチャネル遮断薬
（Vaughan Williams Ⅰb群）

頻脈性の不整脈に処方されるお薬。心臓の興奮をしずめて脈を規則的にする効果がある。

主なお薬の名前

- アスペノン
- アプリンジン塩酸塩 後
- メキシチール（写真上）

主な副作用　めまい、手のふるえ、吐き気、食欲不振、眠気、口渇

服薬中の注意　ほかの抗不整脈薬や降圧薬との併用により、副作用が強まる場合がある。

ナトリウムチャネル遮断薬
(Vaughan Williams Ⅰc群)

不整脈を抑える作用が強いタイプのお薬。主に脈拍が速くなる頻脈性の不整脈に処方される。

主なお薬の名前

- サンリズム（写真上）
- タンボコール
- ピルシカイニド塩酸塩 後
- プロノン
- プロパフェノン塩酸塩 後

主な副作用　不整脈の重篤化、めまい、ふらつき、動悸、頭痛、吐き気

服薬中の注意　作用が強いため、**腎機能や肝機能が低下している人や高齢者**が服用する場合には**注意**が必要。

β遮断薬
(Vaughan Williams Ⅱ群)

心臓の拍動を抑える効果があるため、主に頻脈性の不整脈に処方されるお薬。高血圧症や狭心症の治療にも使われている。

主なお薬の名前

- インデラル
- セレクトール
- セロケン（写真上）
- テノーミン
- ナディック
- メインテート

主な副作用　倦怠感、めまい、ふらつき、徐脈、低血圧、目の乾燥、眠気

服薬中の注意　基本的に、**心不全**の基礎疾患がある場合は**服用できない**。

カリウムチャネル遮断薬（しゃだん）
（Vaughan Williams Ⅲ群）

アンカロン100

ほかの不整脈の薬では症状が改善しない場合に用いられるお薬。作用は強力だが、反面、副作用には注意が必要。

主なお薬の名前

- アミオダロン塩酸塩 [後]
- アンカロン（写真上）
- ソタコール

主な副作用　不整脈の重篤化、間質性肺炎、心不全、肝機能や甲状腺（こうじょうせん）の機能障害

服薬中の注意　特に**アンカロン**は、**間質性肺炎、目の障害、肝機能障害**など、**重篤な副作用が出る場合がある**ので注意が必要。

カルシウム拮抗薬
（Vaughan Williams Ⅳ群）

ワソラン40

心筋の異常な収縮を抑えることで、頻脈性の不整脈を治療するお薬。

主なお薬の名前

- ベプリコール
- ベラパミル塩酸塩 [後]
- ワソラン（写真上）

主な副作用　めまい、ふらつき、動悸、頭痛、吐き気、徐脈、血圧低下

服薬中の注意　**副作用を誘発する**ため、**降圧薬、利尿薬（りにょう）などとの併用には注意**が必要。

心不全
しんふぜん

血液を送り出す心臓のポンプ機能が低下し、体全体に血液を十分に供給することができなくなる疾患。心筋梗塞などから急激に症状が出る急性心不全と、心臓弁膜症や心筋症から心臓が衰え、慢性的に症状が出る慢性心不全などがある。そのほか、高血圧や動脈硬化に起因するものもある。

▶▶ 起きやすい症状

- 息切れ、動悸、せき、呼吸困難、腹部膨満感、食欲不振、強い疲労感、浮腫、チアノーゼ*、不整脈など

*血中の酸素濃度が低下し、皮膚や粘膜が青紫色に変色した状態

▶▶ こんな様子がみられたら…

- **息苦しい** ➡ 息苦しさを軽減するために、起座位や酸素療法を促す

- **多尿** ➡ 初期症状と考えられるため、早めに受診を

- **尿量の減少** ➡ 重篤化のおそれがあるため**すぐに受診を**

▶▶ 治療に関する留意点

- 症状が軽くても、**早めの受診**を促す。

- **糖尿病、高血圧、不整脈**などがある場合は**心不全を誘発**するため、原因疾患の治療も並行して行われる。

- 呼吸困難の場合に備え、**在宅酸素療法**が行える環境を状況に応じて整える。

アンジオテンシン変換酵素阻害薬（ACE阻害薬）

血圧を上昇させる「アンジオテンシンⅡ」という体内物質の生成を抑えて血管を広げるお薬。血流をよくすることで、心臓の負担を軽くする効果がある。

主なお薬の名前

- エナラプリルマレイン酸塩 後
- ゼストリル
- リシノプリル 後
- レニベース（写真上）
- ロンゲス

主な副作用　せき、倦怠感、めまい、ふらつき、低血圧、吐き気、腹痛、味覚異常

服薬中の注意　**高カリウム血症**の人、**重篤な腎機能障害**がある人、それに**脳血管障害**がある人には、**慎重な投与**が必要とされている。

ジギタリス製剤

強心薬だが、心臓の収縮力を強める作用以外にも、交感神経抑制作用があり、脈をゆったりさせる。利尿作用もある。

主なお薬の名前

- ジゴキシン（写真上）
- ジゴシン
- メチルジゴキシン 後
- ラニラピッド

主な副作用　発疹、じんましん、紫斑、浮腫、食欲不振、悪心・嘔吐、下痢

服薬中の注意　**電解質異常、腎疾患、甲状腺機能障害**がある人や**血液透析**を受けている人には、**慎重な投与**が必要とされている。

カテコラミン系

心臓の機能の改善をするお薬で、急性心不全や慢性心不全の急性憎悪の治療に用いられる。また、起立性低血圧症にも処方される。

主なお薬の名前

- エホチール
- タナドーパ
- プロタノールS（写真上）
- カルグート
- デノパミン 後
- リズミック

主な副作用　頭痛、不整脈、頻脈、動悸、嘔吐、血圧変動、発疹

服薬中の注意　**プロタノールSは、併用してはいけないお薬が多い。医師の指示を厳守する**ことが大切。

PDEⅢ阻害薬

心不全の治療で、利尿剤やジギタリス製剤で十分な効果が得られない場合に用いられるお薬。

主なお薬の名前

- ピモベンダン 後 （写真上）

主な副作用　動悸、頻脈、低血圧、心房細動、心房粗動、貧血、腹痛、悪心・嘔吐、頭痛、めまい

服薬中の注意　**重篤な不整脈、脳血管障害、肝・腎障害**がある人には**慎重な投与**が必要とされている。

利尿薬

水分を体外に排出させることにより体内の血液量を
減少させ、心臓の負担を減らす効果がある。

主なお薬の名前

- アルダクトンA
- ダイアート
- トリテレン
- フルイトラン (写真上)
- ラシックス
- ルネトロン

主な副作用　発疹、食欲不振、悪心・嘔吐、口渇、下痢、めまい、
頭痛、倦怠感、筋けいれん

服薬中の注意　高齢者では**急激な利尿**は、脱水、低血圧等による**立
ちくらみ、めまい、失神**等を起こすことがあるので、
注意が必要である。

その他の心不全治療薬

心筋の代謝を改善し心筋の収縮力を強めることで、
心不全の症状を改善させるお薬。

主なお薬の名前

- ノイキノン (写真上)
- ユビデカレノン 後

主な副作用　胃部不快感、食欲減退、吐気、下痢、発疹

服薬中の注意　強い副作用はなく、比較的安心して服用できるお薬
である。

喘息・COPD*(慢性閉塞性肺疾患)

気道が炎症や狭窄を起こし、酸素が肺へ供給されにくくなる疾患。肺気腫や慢性気管支炎を総称し慢性閉塞性肺疾患とよぶ。喫煙のほか、ハウスダストなどのアレルギーや大気汚染、ストレスなどが要因とされる。症状が長引くため、長期治療を行う必要がある。

＊COPD＝Chronic Obstructive Pulmonary Diseaseの略

▶▶ **起きやすい症状**
- 初期…せき、喀痰、疲労、息切れ
- 重篤期…喘鳴、呼吸障害

▶▶ **こんな様子がみられたら…**
- せきなどの発作 ➡ 気管支拡張薬やステロイド薬の服薬、酸素療法など
- 痰が多く出る ➡ 頻回な体位ドレナージや口すぼめ呼吸など呼吸のリハビリを行ってもらう
- 喫煙 ➡ 禁煙を促し、住環境の衛生面向上に取り組む

▶▶ **治療に関する留意点**
- ネブライザー(噴霧式吸入器)を用いる場合、口腔内に薬剤が付着したままだと副作用を引き起こすことがあるため、**吸入後は必ずうがいをすすめ、習慣づけることを伝える。**
- **喘息の症状が出ている場合**には、**インフルエンザのワクチン接種は注意が必要。**医師に状態を報告して判断を仰ぐ。

ステロイド薬 (内服・吸入)

炎症を抑える効果が高いお薬。喘息発作の予防的効果が期待できる。

主なお薬の名前

- アズマネックス (吸入)
- キュバール (吸入)
- フルタイド (吸入) (写真上)
- プレドニン
- オルベスコ (吸入)
- パルミコート (吸入)
- プレドニゾロン

主な副作用　のどの不快感、声のかすれ、口腔カンジダ症 (吸入の場合)

服薬中の注意　口内炎などの予防のため、**吸入薬の使用後は必ずうがいをすること。**

抗コリン薬 (吸入)

気管支拡張作用のあるお薬で、比較的おだやかに作用する。

主なお薬の名前

- アトロベント (吸入)
- スピリーバ (吸入) (写真上)
- シーブリ (吸入)

主な副作用　吐き気、口内乾燥、のどの不快感、頭痛、動悸、心悸亢進

服薬中の注意　**緑内障、前立腺肥大症**がある場合には、**使用できない。**

合剤（吸入ステロイド剤＋LABA 吸入）

気道内の炎症を抑える成分と、気管支を広げて呼吸を楽にする成分が配合された、吸入タイプのお薬。

主なお薬の名前

- アドエア（吸入）（写真上）
- シムビコート（吸入）
- フルティフォーム
- レルベア

主な副作用　のどの不快感、声のかすれ、不整脈、血圧上昇、頭痛、悪心

服薬中の注意　**予防薬**として用いられるお薬のため、**急性の発作に対しては使用しない。**

合剤（抗コリン剤＋β刺激薬）

副交感神経の働きを抑えて気管支を拡張する成分と、気管支平滑筋の交感神経β受容体を刺激して気管支を拡げる成分の合剤。長時間作用する。

主なお薬の名前

- アノーロ（吸入）（写真上）
- ウルティブロ（吸入）

主な副作用　心房細動、動悸、咽頭炎、口腔内乾燥、便秘、せき、排尿障害、指や手のふるえ

服薬中の注意　緑内障や前立腺肥大症がある場合は使用できない。1日1回の吸引で効果が持続する。

ロイコトリエン拮抗薬
<small>きっ　こう</small>

喘息の発作に関連のあるロイコトリエンという体内物質の働きを抑える効果があるお薬。軽い喘息に対して処方されることが多い。

主なお薬の名前

- オノン（写真上）
- キプレス
- シングレア
- プランルカスト 後

主な副作用　吐き気、腹痛、胸やけ、下痢、発疹、かゆみ、肝機能障害
<small>ほっ　しん</small>

服薬中の注意　**喘息の症状が重い場合には、吸入ステロイド薬などとの併用**が必要。

β刺激薬
<small>ベータ</small>

気管支内部が腫れ、気道が狭くなっている場合に、気管を広げて呼吸しやすくするために用いられるお薬。
<small>は</small>

主なお薬の名前

- イノリン
- オーキシス（吸入）
- サルタノール（吸入）
- スピロペント
- ブリカニール
- ベロテック
- ホクナリン（写真上）
- メプチン

主な副作用　動悸、頻脈、血圧の変動、指や手のふるえ、頭痛、不眠、吐き気、食欲不振
<small>ひんみゃく</small>

服薬中の注意　**過剰に服薬すると、不整脈を引き起こす場合がある**ので、決められた用量を守ること。

キサンチン誘導体

喘息発作の予防薬として、長年使用されているタイプのお薬。規則的に服用することで、気管の収縮を防ぐ。

主なお薬の名前

- **アストフィリン**
- **テオドール** (写真上)
- **テオロング**
- **ネオフィリン**
- **モノフィリン**
- **ユニフィルLA**

主な副作用　吐き気、下痢、動悸、手や指のふるえ、頭痛、不眠、精神的なイライラ

服薬中の注意　**てんかん、甲状腺機能亢進症、急性腎炎の患者には慎重投与**を要する。

....

知っ得！
コラム

普段と異なる咳？

せきが出る病気には風邪症候群、肺炎、肺がん等多くの種類があります。喘息を患う利用者がせきをしている時など、ついいつものことと思い込んでしまいがちですが、せきが普段と異なっていないか、重大な疾患が隠れていないか、先入観なく観察しましょう。

インフルエンザ

インフルエンザウイルスが、空気や、せきやくしゃみなどの飛沫に混ざって呼吸器などに侵入し感染する疾患。発症すると、ウイルス (主にA型、B型、C型) は1週間程度体内に滞留する。特に11月～4月ごろにかけて流行しやすく、感染すると拡大しやすい。湿度の低い冬場に多く発症する。

▶▶ 起きやすい症状

- 発症時…急激な悪寒、頭痛、倦怠感、高熱、吐き気、嘔吐、腹痛、下痢など
- 重篤時…肺炎、脳症による合併症など

▶▶ こんな様子がみられたら…

- 感染時 ➡ 発症後、すぐに受診し、約48時間以内に抗インフルエンザ薬投与を受けられるよう支援する
- 発熱 ➡ 解熱するまでは、原則隔離した環境で介護する

▶▶ 治療に関する留意点

- 発熱は、体内の病原体を撃退するための生理的な反応なので、**急激な解熱は原則避ける**。また、解熱剤によっては別の症状を引き起こす場合もあるため、**取り置きの解熱剤などの使用は絶対に避けてもらう**。

- **心臓、腎臓、肝臓、血液、呼吸器などの疾患やアレルギー**がある人は、**ワクチンの接種に注意が必要**なため、介護者は医師等と連携して情報の共有に努める。

抗インフルエンザ薬

主にＡ型、Ｂ型のインフルエンザウイルスに有効なお薬。ウイルスの増殖を抑える作用があるため、発症後48時間以内に服薬すると効果的とされる。

主なお薬の名前

- **イナビル**（吸入）**（写真上）**
- **タミフル**
- **リレンザ**（吸入）

主な副作用　腹痛、下痢、吐き気、嘔吐、意識障害、出血性大腸炎

服薬中の注意　**免疫が低下している人には使用できない**ため、気をつける。

漢方薬

発汗作用により熱や関節の痛みを発散させる効果がある。インフルエンザの初期だけでなく、風邪の引き始めにも処方される。

主なお薬の名前

- **麻黄湯**（マオウトウ）**（写真上）**

主な副作用　胃の不快感、食欲不振、吐き気、動悸、不眠、発汗過多

服薬中の注意　**著しく体力を消耗している人、高血圧、心臓病**などがある人には**注意が必要**。

風邪症候群(感冒)

せきやくしゃみなどの飛沫に混ざったウイルスや細菌などの病原体が、体内に侵入し感染して生じる疾患。空気が乾燥する冬場は、ウイルスや細菌が大気中に滞留しやすい環境となるため注意を要する。病原体は200種類以上もあるといわれ、感染した病原体や症状に応じた治療を受ける。

▶▶ 起きやすい症状

- 発症時…寒気、頭痛、発熱、喀痰、鼻水、鼻づまり、くしゃみなど
- 重篤時…高熱、下痢、咽頭や関節の痛みなど

▶▶ こんな様子がみられたら…

- 寒気 ➡ 安静にし、体を保温する
- 発熱・発汗 ➡ 耳の下や腋窩 (わきの下) などを冷やし、衣類や寝具をこまめに交換する
- 下痢 ➡ 消化のよいものや、抵抗力を上げるビタミンCを多く含む食材、脱水を防ぐための水分補給に努める

▶▶ 治療に関する留意点

- 風邪の病原体を撃退するために**抗生剤**を使用する場合、作用が強いと**下痢を生じることがある**ため、排泄ケアや脱水症状の有無に留意する。
- 風邪からの回復には**栄養と睡眠が必須**である。服薬と併行して、**食事や安眠の工夫**にも努める。

総合感冒薬

風邪症候群に対し、一般的に用いられているお薬。鼻水、のどの痛み、熱など、風邪全般の症状をやわらげる作用がある。

主なお薬の名前

- サラザック配合顆粒 [後]
- セラピナ配合顆粒 [後]
- トーワチーム配合顆粒 [後]
- ピーエイ配合 [後]
- PL配合顆粒（写真上）
- ペレックス配合顆粒
- マリキナ配合顆粒 [後]

主な副作用　眠気、めまい、悪心・嘔吐、食欲不振、胃痛、発疹、むくみ

服薬中の注意　**眠くなる場合があるので、服薬中は車の運転などは控えること。**

解熱消炎鎮痛剤

のどの腫れなどの炎症を抑えることで、熱を下げる作用がある。対症療法薬であり、風邪そのものを根治させるお薬ではない。

主なお薬の名前

- カロナール
- バファリンA330
- ブルフェン（写真上）
- ボルタレン
- ポンタール
- ロキソニン

主な副作用　腹痛、悪心・嘔吐、食欲不振、口内炎、発疹、むくみ、喘息発作の誘発

服薬中の注意　**肝障害や腎障害またはそれらの既往歴がある場合には慎重投与を要する。**カロナールは過剰服用注意。

抗ヒスタミン薬

アレルギー発症の原因となるヒスタミンという体内物質の受容体をブロックする作用があるお薬。鼻水やくしゃみを抑える効果がある。

主なお薬の名前

- アリメジンシロップ
- アレルギン
- クロルフェニラミン
- タベジール
- ヒベルナ
- ペリアクチン
- ポララミン（写真上）

主な副作用　眠気、発疹、口渇、倦怠感、目のかすみ

服薬中の注意　服薬中は**眠気などの副作用が強まる**ため、**車の運転などは控えること。**

鎮咳薬

脳幹の延髄にあり、せきのコントロールをしているせき中枢に作用して、せきを鎮める効果があるお薬。

主なお薬の名前

- アストミン
- アスベリン
- コデインリン酸塩
- フスコデ
- フスタゾール
- フラベリック
- メジコン（写真上）
- レスプレン

主な副作用　眠気、発疹、口渇、悪心・嘔吐、便秘、食欲不振

服薬中の注意　高齢者の場合、お薬の併用により便秘がひどくなるおそれがあるものもあるため、気をつける。

去痰薬 (きょたん)

痰や膿の粘りを除去し、体外に排出しやすくする作用があるほか、鼻やのどの荒れた粘膜 (ねんまく) を修復する作用がある。

主なお薬の名前

- クリアナール
- チスタニン
- ビソルボン (写真上)
- ペクタイト
- ムコソルバン
- ムコダイン
- ムコフィリン (吸入)

主な副作用　食欲不振、下痢、発疹、唇や口内のただれ

服薬中の注意　**肝機能障害**がある人や**気管支喘息**の人には、**慎重投与が必要なものもある。**

抗菌薬

殺菌効果の強いお薬。風邪のウイルスに対しては効果はないが、のどの腫れや発熱に作用するため風邪でも処方され得る。

主なお薬の名前

- クラビット
- クラリス
- ジェニナック
- ジスロマック
- パセトシン
- フロモックス (写真上)

主な副作用　下痢、発疹、アナフィラキシー・ショック (急性のショック状態)、急性腎不全

服薬中の注意　**使用上の注意や副作用が多いものばかりなので、医師の指示をしっかり守る**必要がある。

肝炎
かん えん

肝臓が炎症を起こし、肝細胞が破壊される疾患。経口や血液による感染、過度な飲酒、薬剤、アレルギー、ウイルス、自己免疫異常などが原因とされる。ウイルス性（主にＡ～Ｇ型）肝炎には、症状が長引く慢性と、急激に肝細胞が破壊される急性のほか、肝機能障害を起こす劇症型などがある。

▶▶ 起きやすい症状

● 発症時…発熱、黄だん、食欲不振など
● 重篤時…全身倦怠、意識障害、肝硬変、肝ガンなど

▶▶ こんな様子がみられたら…

● 発熱、頭痛など風邪に似た症状 ➡ 初期症状と心配されるため、すぐに受診を
（「肝疾患診療連携拠点病院」を受診するのが望ましい）

● 全身倦怠、黄だん、浮腫、腹部膨満感 ➡ 進行しているおそれがあるため、**救急搬送を**

▶▶ 治療に関する留意点

● インターフェロン製剤による治療時には、白血球や血小板の減少**により重度の貧血や不眠、脱毛など強い副作用を伴うことがある**ため、介護者は精神的な支援にも留意する。

● 薬剤性肝障害の場合には、アレルギーのほか鎮痛解熱剤、抗生剤、抗ガン剤などが原因となっている場合もあるので、その人の**服薬内容を医師に念のためチェックしてもらう**のもよい。

抗C型肝炎ウイルス薬

「C型肝炎ウイルス（HCV）」を体内から排除する抗ウイルス薬。

主なお薬の名前

- エプクルーサ
- ソバルディ
- マヴィレット
- エレルサ（写真上）とグラジナの併用
- ダクルインザとスンベプラの併用

主な副作用　　頭痛、倦怠感、下痢、便秘、吐き気、発疹

服薬中の注意　**一定期間きちんと服用し続けることが重要**なため、医師の指示をしっかり守る。

知っ得! コラム　　C型肝炎と薬が効くしくみ

C型肝炎は、C型肝炎ウイルス（HCV）が肝細胞内に侵入することで起こります。

C型肝炎ウイルスは肝細胞に侵入後、自身の遺伝情報（RNA）を放出しますが、それを肝細胞が「自分の遺伝情報（m-RNA）」と勘違いして読み込み、C型肝炎ウイルスのもとになる大きなたんぱく質を作り出します。

抗C型肝炎ウイルス薬は、この大きなたんぱく質からウイルスを切り出す「カッター」である酵素を働かなくすることで、細胞内でのウイルスの増殖を抑えます（NS3／4Aプロテアーゼ阻害剤）。

また、ウイルスがタンパク質を生成する際に、その材料（ヌクレオチド）に紛れこみ、タンパク質の生成を停止させるというしくみのお薬もあります（核酸型NS5Bポリメラーゼ阻害剤）。

肝機能改善薬

ダメージを受けた肝臓の修復を助け、肝機能を改善する作用があるお薬。主に慢性の肝臓疾患に対して処方される。

主なお薬の名前

- グリチロン配合（写真上）
- タウリン
- チオラ
- リバオール

主な副作用　下痢、胃部不快感、腹部膨満感、吐き気、発疹

服薬中の注意　服薬中に**浮腫、尿量減少、体重増加**といった症状が出た場合には、**速やかに医師に相談**を。

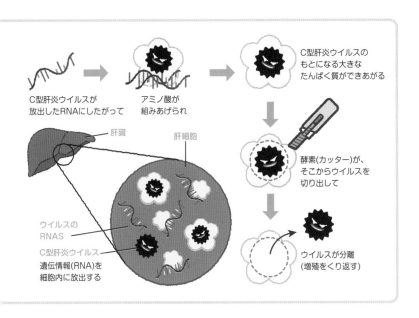

C型肝炎ウイルスが放出したRNAにしたがって

アミノ酸が組みあげられ

C型肝炎ウイルスのもとになる大きなたんぱく質ができあがる

酵素（カッター）が、そこからウイルスを切り出して

ウイルスが分離（増殖をくり返す）

肝臓

肝細胞

ウイルスのRNAS

C型肝炎ウイルス

遺伝情報（RNA）を細胞内に放出する

肝臓加水分解物製剤

牛の肝臓由来でつくられたお薬。肝臓を保護し、その
働きを高める効果がある。副作用はほとんどないとさ
れる。

主なお薬の名前

● レナルチン 後 (写真上)

主な副作用　　発疹、じんましん、胃部不快感、顔のほてり感、
　　　　　　　頭痛

服薬中の注意　強い副作用の心配はないが、それだけにお薬の効能
　　　　　　　も穏やかである。

肝免疫賦活薬
（ふ　かつ　やく）

B型慢性肝炎の治療に用いられるお薬。免疫機能を活
性化させることにより、B型肝炎ウイルスを抑える作
用がある。

主なお薬の名前

● セロシオン (写真上)

主な副作用　　食欲不振、吐き気、嘔吐、腹痛、発疹、かゆみ、一
　　　　　　　時的な肝機能の悪化

服薬中の注意　お薬の効果があらわれる過程で、**一時的に肝機能を
　　　　　　　悪化させる場合がある。**

肝不全治療薬

肝硬変の進行で、肝機能が低下したときに用いられる総合栄養剤（アミノレバンEN配合、リーバクト）のほか、肝障害のため高まった血中のアンモニア濃度を下げるお薬。

主なお薬の名前

- アミノレバンEN配合（写真上）
- カロリール 後
- ポルトラック
- モニラック
- ラクツロース 後
- リーバクト

主な副作用　　下痢、吐き気、食欲不振、悪心、嘔吐、かゆみ

服薬中の注意　**アミノレバン**は、**牛乳アレルギー**がある人は、**服薬できない。**

利胆・排胆薬

胆汁の流れをよくしたり、肝臓の血流をよくするお薬。なお、ウルソには胆石を溶かす作用や消化吸収の改善作用もある。

主なお薬の名前

- ウルソ（写真上）
- コスパノン

主な副作用　　下痢、悪心・吐き気、食欲不振、胸やけ、間質性肺炎

服薬中の注意　**ウルソ**は、肝硬変などにより**重篤な黄だん症状**のある場合には、慎重な投与が必要。

胃潰瘍・十二指腸潰瘍

胃や十二指腸の粘膜が、胃酸過多やヘリコバクター・ピロリなどの細菌によって炎症を起こす疾患。粘膜の炎症が浅いものはびらん性、えぐりとられるほどの炎症は潰瘍とされる。長時間の空腹による過酸症、刺激物の過剰摂取、喫煙や飲酒、ピロリ菌の感染、薬剤、ストレスなどが原因とされる。

▶▶ 起きやすい症状

- 胃潰瘍…食後の上腹部痛など
- 十二指腸潰瘍…空腹時の痛みなど
- 共通症状…膨満感、むかつき、胃腸の出血、下血(コールタール様便) など

▶▶ こんな様子がみられたら…

- 酸っぱいゲップ ➡ 胃酸過多が考えられるため、受診し制酸薬などの処方を受ける
- 上腹部痛、吐血、下血 ➡ 胃腸からの出血、穿孔が疑われるため、安静にし、**直ちに救急搬送を**
- ピロリ菌がある ➡ 受診し、抗生剤による除去を

▶▶ 治療に関する留意点

- 胃潰瘍・十二指腸潰瘍は、完治しても**1年以内に再発しやすい**とされ、再発予防のための維持療法が重要となるので、**規則正しい食事**、および**アルコールや喫煙の管理**と服薬に重点を置き介助する。

プロトンポンプ阻害薬

胃酸の分泌（ぶんぴつ）を抑える働きをするお薬。胃粘膜への胃酸の刺激を弱めることで、胃潰瘍や十二指腸潰瘍、逆流性食道炎を防ぐ効果がある。

主なお薬の名前

- オメプラール
- オメプラゾン
- タケプロン
- ネキシウム
- パリエット **(写真上)**

主な副作用　頭痛、めまい、軟便、下痢、肝機能障害、発疹（ほっしん）、口内炎

服薬中の注意　**胃潰瘍と十二指腸潰瘍**に用いる場合、**それぞれ服用期間が定められている。**

H₂受容体拮抗薬（きっこう）

胃粘膜において、ヒスタミンとH₂受容体が結合すると胃酸が分泌される。このお薬はその結合を防ぎ、結果、胃酸過多を抑える。

主なお薬の名前

- アシノン
- アルタット
- ガスター **(写真上)**
- ザンタック
- シメチジン 後
- タガメット
- ファモチジン 後
- プロテカジン

主な副作用　便秘、発疹、眠気、頭痛、めまい、無気力感

服薬中の注意　胃酸の分泌が抑えられる分、**ほかのお薬の効果に影響が出る場合がある。**

ムスカリン受容体拮抗薬

胃の壁細胞のムスカリン受容体に作用し、胃液分泌を抑制するとともに、胃粘膜の血流を改善するお薬。胃腸などのけいれんを鎮めるチアトン（チキジウム臭化物）にも、ムスカリン受容体への刺激を弱める働きがある。

主なお薬の名前

- チアトン (写真上)
- チキジウム臭化物 [後]
- ピレンゼピン塩酸塩 [後]

主な副作用　　口渇、便秘、下痢、悪心、嘔吐、尿が出にくい、目のかすみ

服薬中の注意　服薬後、**視界がぼやける場合があるので、車の運転や高所での作業には注意する**こと。

制酸薬

胃酸を中和させて、胃の粘膜を保護するためのお薬。胃炎や胃潰瘍の治りをよくする作用がある。

主なお薬の名前

- 乾燥水酸化アルミニウムゲル
- 合成ケイ酸アルミニウム
- 炭カル (写真上) [後]
- マーロックス [後]

主な副作用　　便秘、吐き気、意識の乱れ、けいれん、関節の痛み（アルミニウム脳症）

服薬中の注意　長期にわたり使用すると、**アルミニウム脳症や結石**があらわれるおそれがある。

胃粘膜保護薬

胃の粘膜を強くするお薬。粘膜を保護したり、修復したりもする。

主なお薬の名前

- アルサルミン
- ガストローム
- キャベジンU
- ムコスタ（**写真上**）
- ウルグート
- ガスロンN
- セルベックス

主な副作用　吐き気、便秘、下痢、発疹、かゆみ

服薬中の注意　**薬疹などのアレルギー症状**があらわれることもあるので、その場合には速やかに使用を中止し医療機関へ。

プロスタグランジン製剤

胃を守る粘液を増やしたり、胃粘膜の血流をよくすることで胃を保護するお薬。胃酸の分泌を抑える作用もある。

主なお薬の名前

- サイトテック（**写真上**）

主な副作用　子宮収縮、下痢、腹痛、吐き気、腹部膨満感、発疹

服薬中の注意　**サイトテック**は、**マグネシウム含有制酸薬と併用すると下痢**を起こすことがあるため、注意が必要。

健胃薬

胃酸を中和したり、消化を助ける成分などが配合されており、胸やけ、吐き気などの症状に広く用いられるお薬である。

主なお薬の名前

- S・M配合散
- タカヂアスターゼ
- タフマックE配合
- つくしA・M配合散（写真上）
- ベリチーム配合

主な副作用　便秘、血圧上昇、むくみ、尿路結石、高マグネシウム血症

服薬中の注意　成分に**ナトリウムが含まれている**ので、**塩分摂取制限をしている場合は服用できない。**

消化管運動機能改善薬

弱った胃腸の働きを活発にして、消化機能を高めるお薬。吐き気や嘔吐、食欲不振といった症状に効果がある。

主なお薬の名前

- アコファイド
- ガスモチン
- ガナトン
- セレキノン
- ナウゼリン（写真上）
- プリンペラン

主な副作用　腹痛、軟便、下痢、口渇、動悸、肝機能障害

服薬中の注意　**まれに重篤な肝機能障害の副作用**が出るため、気になる症状があらわれたら早めに受診を。

ヘリコバクター・ピロリ除菌薬

胃潰瘍や胃ガンとの関連性も指摘されている、胃の中に存在する細菌ヘリコバクター・ピロリを除菌するためのお薬。

主なお薬の名前

- ボノサップパック **(写真上)**
- ボノピオンパック
- ラベキュアパック
- ラベファインパック

主な副作用　　発疹、じんましん、軟便、下痢、腹痛、吐き気、味覚異常、口内炎、カンジダ症

服薬中の注意　**まれに重篤な副作用**として**腎不全、大腸炎、皮膚障害**などの事例がある。

抗コリン薬

胃腸の運動を高める副交感神経の働きを活発にするアセチルコリンを抑え、胃腸の動きを抑制して痛みを取り除くお薬。

主なお薬の名前

- コリオパン
- セスデン
- ダイピン
- ダクチル
- ブスコパン **(写真上)**
- プロ・バンサイン

主な副作用　　口渇、便秘、頭痛、目のかすみ、動悸、排尿障害

服薬中の注意　**緑内障、前立腺肥大症**がある場合は**服用できない。**

消化器系疾患

便秘

数日以上排便がない、毎日排便しても残便感がある、排便が順調に行われず困難を伴うなどの状態をいう。弛緩性、直腸性、けいれん性などの種類がある。主な原因は、蠕動運動や腹圧の低下、不規則な食生活、水分の摂取不足、ストレス、お薬の副作用や胃腸系疾患などが考えられる。

▶▶ **起きやすい症状**

- 腹部膨満感、食欲不振、イライラ、不眠、体重の増加、肌荒れなど

▶▶ **こんな様子がみられたら…**

- 運動不足、腸や腹筋力の低下＝弛緩性便秘 ➡ 腹部をさすったりして腸の蠕動運動を促す

- 便意の我慢＝直腸性便秘 ➡ こまめな声かけや、行きやすいトイレ環境の整備を行う

- ストレス、硬く水気のない排便＝けいれん性便秘 ➡ 水溶性の食物繊維食品や水分摂取を促す

▶▶ **治療に関する留意点**

- **大腸ガン**などが原因で便秘が起こることもあるため、受診しないで市販の便秘薬を服用し続けるのは避けてもらう。

- **腎疾患**や**心疾患**などの場合、**便秘薬を頻回に服用**すると、含有成分のマグネシウムが体内にたまり、**高マグネシウム血症**を起こして命にかかわることもあるため、服用回数や量には注意を促す。

塩類下剤
（げ ざい）

腸内に体の水分を取り入れることで便を軟化および増大化させ、その刺激で腸の運動を活性化させて便通をよくするお薬。

主なお薬の名前

- 酸化マグネシウム [後] (写真上)　　● **マグミット** [後]

主な副作用　下痢、腹痛、倦怠感、吐き気といった高マグネシウム血症がもたらす症状

服薬中の注意　**高齢者**や**腎機能が低下**している場合には、**高マグネシウム血症の副作用に注意**が必要。

. . . .

膨張性下剤
（げ ざい）

水分を吸収することで便をやわらかく膨張させるお薬。作用がおだやかで、副作用の心配も少ないのが特徴である。

主なお薬の名前

- **カルメロースナトリウム** (写真上)

主な副作用　悪心・嘔吐、腹部膨満感

服薬中の注意　便が出てもすぐに服用を中止せず、**規則正しい排泄ができるようになるまで服用する**のが望ましいとされている。

浸潤性下剤
しんじゅん　げざい

腸の蠕動運動を促進させたり、硬い便に水分を浸透させてやわらかくすることで、便通をスムーズに促すお薬。

主なお薬の名前

● ビーマス配合 後 **(写真上)**

主な副作用　発疹、口渇、悪心、腹痛、腹部不快感、腹部膨満感
ほっしん　こうかつ

服薬中の注意　服用中に**尿が黄褐色から赤色に変色することがある**が、原則心配はない。

....

糖類下剤
げざい

腸管の運動を亢進する作用や緩下作用によって便通をよくするお薬。

主なお薬の名前

● ソルビトール　　　　　● モニラック **(写真上)**

主な副作用　下痢、腹痛 (大量服用の場合)

服薬中の注意　成分に**糖分が含まれている**ため、**糖尿病がある場合などには注意**が必要。

小腸刺激性下剤

小腸を刺激し、小腸の運動を活性化させることで腸管の内容物を出しやすくするためのお薬。即効性があるのが特徴である。

主なお薬の名前

- **加香ヒマシ油**
- **ヒマシ油**（写真上）

主な副作用　腹痛、悪心・嘔吐

服薬中の注意　**即効性の高いお薬**であり、**原則慢性的な便秘に対して用いられるお薬ではない。**

大腸刺激性下剤

大腸を刺激し、大腸の運動を活性化させることで便通をよくするためのお薬。

主なお薬の名前

- **アジャストＡ**
- **アローゼン**
- **テレミンソフト**（坐剤）
- **プルゼニド**（写真上）
- **ラキソベロン**

主な副作用　腹痛、悪心・嘔吐、腹鳴

服薬中の注意　**安易に長期にわたって服用**すると、**自然な排便がしにくくなる**場合がある。

消化器系疾患

直腸刺激性下剤（げざい）

直腸の中で炭酸ガスを発生し、腸の活動を活発にさせて排便を促す坐剤タイプのお薬。即効性が高いのが特徴である。

主なお薬の名前

● 新レシカルボン坐剤 **(写真上)**

主な副作用　腹痛、顔面蒼白、血圧低下といったショック症状

服薬中の注意　**安易に使用**していると、**自然な排便がしにくくなる**場合がある。

自律神経系下剤（げざい）

腸の動きを活性化させる副交感神経に働きかけ、胃腸の動きを活発にさせて排便を促すタイプのお薬。排尿困難（尿閉）にも処方される。

主なお薬の名前

● ベサコリン　　　　● ワゴスチグミン **(写真上)**

主な副作用　胸やけ、吐き気、唾液（だえき）の分泌（ぶんぴつ）過多、腹痛、下痢、動悸（どう）（き）、頭痛、発熱、ほてり

服薬中の注意　**コリン作動性クリーゼとよばれる急性中毒の症状**が出る場合があり、**高齢者は特に注意**を。

浣腸剤
かん ちょう

腸管壁を刺激して、腸の蠕動を促進することで排便を
促すお薬。使用後すぐに効果があらわれやすい。

主なお薬の名前

● グリセリン浣腸 **(写真上)**

主な副作用　腹痛、残便感、血圧の変動、脱水症状 (特に高齢者
の場合)

服薬中の注意　肛門から薬液を注入するため、**注入時に強い不快感
などがある場合は無理に使用しない。**

腸液分泌増加薬

腸管内での腸液の分泌量を増やすことで、便を軟らか
くして排便しやすくするお薬。骨粗鬆症治療薬「ビスホ
スホネート製剤」とも併用できる。

主なお薬の名前

● アミティーザ **(写真上)**

主な副作用　頭痛、傾眠、動悸、頻脈、吐き気、下痢、腹部不快
感、悪心

服薬中の注意　長期服用可能な薬剤。消化器系がんやイレウスには
禁忌のため、腹痛を訴える場合は注意が必要。状況
に応じて専門医を受診させる。

下痢
げ　り

腸の機能低下により、水分の多い便が排泄される状態。病原体や香辛料・アルコールなどの刺激物の過剰摂取によるほか、ストレス、胃腸の疾患、お薬の副作用なども原因とされる。また、腸に異常がないのに、軟便や腹部の異常がみられる過敏性腸症候群などが疑われる場合もある。なお、下痢には小腸性、大腸性、ストレス性などがある。

▶▶ **起きやすい症状**
- 消化不良、冷え、風邪、腹痛、腹部膨満感など

▶▶ **こんな様子がみられたら…**
- 水様便＝小腸性下痢＝粘膜の働きの低下 ➡ 胃腸を休め、消化のよい食事を提供する
- 腹痛、粘液便＝大腸性下痢＝病原体の侵入による腸の蠕動運動の活発化や粘膜の過剰分泌 ➡ 病原体を疑い、**すぐに受診を**
- 腹痛、下痢と便秘を繰り返す＝ストレス性下痢 ➡ ストレスの解決、自律神経の安静を図る

▶▶ **治療に関する留意点**
- **細菌性やウイルス性による下痢の場合、下痢止めの服用はかえって病原体を体内に滞留させてしまうため、**自己判断によるお薬の使用は避ける。
- 腸内細菌を整える**乳酸菌製剤は牛乳アレルギーなどがあると服用が難しい場合がある**ので、アレルギーについて医師と連携して情報を共有する。

乳酸菌整腸薬

腸に、お薬の成分である乳酸菌や酪酸菌を補うことで、腸内細菌のバランスを保ち、腸の働きを正常化させるお薬。

主なお薬の名前

- ビオスリー配合
- ビオフェルミン **(写真上)** 後
- ミヤBM
- ラックビー
- ラックビー R 後
- レベニン 後

主な副作用　乳酸菌や酪酸菌を補うだけの作用なので重篤（じゅうとく）な副作用はない。

服薬中の注意　まれに**牛乳アレルギーの人**が**下痢などのアレルギー反応**を起こすことがある。

止瀉薬（ししゃ）（下痢止め）

腸の過剰な運動を抑えることで、下痢止め効果を発揮する対症療法薬。細菌性の下痢や潰瘍性大腸炎（かいよう）には適さない。

主なお薬の名前

- 次硝酸ビスマス
- タンニン酸アルブミン
- フェロベリン配合
- ロペミン **(写真上)**

主な副作用　食欲不振、嘔吐、腹痛、便秘、口渇（こうかつ）、味覚の変調、眠気、めまい、発疹（ほっしん）

服薬中の注意　**長期に服薬した場合など**に、**ひどい便秘の症状**が出る場合がある。

消化管内ガス駆除剤

胃や腸管内にたまった小さなガスを破裂・合体させて、
体外へ排泄しやすくする作用をもつお薬。

主なお薬の名前

● ガスコン (写真上)

主な副作用　　軟便、胃部不快感、下痢、腹痛

服薬中の注意　**腸内にたまっていたガスが、おならやゲップとなっ
て排出されることが多くみられるため、外出時は注
意する。**

炎症性腸疾患薬

潰瘍性大腸炎やクローン病などが腸に炎症をもたらし、
そのことが原因となって起こる下痢などに処方される
お薬。

主なお薬の名前

● アサコール　　　　　● サラゾスルファピリジン 後

● サラゾピリン (写真上)　● ペンタサ

● メサラジン 後

主な副作用　　腹痛、下痢、嘔吐、発疹、かゆみ、膵炎、腎機能
障害

服薬中の注意　**肝機能や腎機能が低下**している方は、服薬に注意を
要する。

過敏性腸症候群治療薬

腸内の水分を調整し、排泄しやすい硬さの便にする作用があるお薬。下痢や便秘を繰り返す過敏性腸症候群に用いられる。

主なお薬の名前

- イリボー
- トランコロン
- ポリフル
- コロネル（写真上）
- ポリカルボフィルCa 後

主な副作用　吐き気、腹部膨満感、口渇

服薬中の注意　**カルシウム製剤などと併用**すると、**体内のカルシウム分が過剰になる**場合があるので注意する。

**知っ得!
コラム**　　**市販薬の勝手な服薬はNO！**

ウイルス性や細菌性の下痢の場合、むやみに下痢止めを服用すると、病原菌などを体内に滞留させてしまってかえって病状が悪化する場合があります。単なる下痢と軽く考え、自己判断で市販薬の服用をくり返す場合は受診をすすめましょう。

痔
じ

慢性の便秘による肛門部の亀裂や肛門筋の血行不良、長時間の同じ態勢や
座位による肛門のうっ血、排泄時の強いいきみによる炎症などが原因で生じ
る疾患。頻繁に下痢が続くことや、過度なストレスなども原因とされる。痔
核（いぼ痔）、切れ痔、肛門の周囲に膿んだ穴ができる痔ろうなどがある。

▶▶ 起きやすい症状
- 排便後の脱肛部の腫れ、出血、亀裂、強い痛み、発熱など

▶▶ こんな様子がみられたら…
- 痔核、切れ痔 ➡ 軟膏やクリームタイプのお薬を患部に直接塗布し
  たり注入する

- 内痔核（肛門の内側）➡ 坐剤の挿入など

- 痔ろう、脱肛 ➡ 外科手術などによる治療が必要

- 痔全般 ➡ 長時間の座位は控えてもらい、まめな体位変換や移乗を
  行う。患部を清潔に洗浄し、40度前後の湯船に浸かり患部を温
  める

▶▶ 治療に関する留意点
- **坐剤**は内服薬よりも効果が高いが、その分成分の**血中濃度が急激
  に上昇しやすい**ため、使用する量には特に注意し、**使用後はしばら
  く観察する。**

- 大腸炎や直腸ガンなどと痔核は症状が似ているため、**ひどい下痢**や
  下血が生じたら市販薬などは控え、**すぐに受診**を促す。

抗炎症作用薬

痔による痛みや腫れ、出血を抑えるお薬。消炎成分、
局所麻酔成分(痛みを軽減する)などが配合されている。

主なお薬の名前

- ネリプロクト
- プロクトセディル (坐剤) (写真上)
- ヘモナーゼ配合
- ヘモリンガル舌下錠

主な副作用 発疹、かゆみ、下痢、吐き気、食欲不振(ただし、
重い副作用はない)

服薬中の注意 **抗凝血薬と併用**すると、**その作用を強める場合があ
る**ので気をつける。

消化器系疾患

循環改善作用薬

内痔核の血液循環障害を改善し、腫れを引かせ、痛
みを抑える作用があるお薬。

主なお薬の名前

- ヘモクロン
- ボラザG (坐剤) (写真上)

主な副作用 発疹、かゆみ、腹痛、吐き気、下痢

服薬中の注意 **喘息やじんましん**などアレルギー性の基礎疾患があ
る場合には、**過敏症状に注意**が必要。

肉芽形成促進作用薬

組織を修復させる作用がある「大腸菌死菌浮遊液」が
配合されている、軟膏や坐剤タイプのお薬。

主なお薬の名前

● ポステリザン（坐剤）（写真上）

主な副作用　　かゆみ、真菌感染症、ウイルス感染症、目の疾患
　　　　　　　など

服薬中の注意　局所に**カンジダ症**や**白癬菌**などがある場合には、よ
　　　　　　　り悪化させることがあるので**使用は控える**。

局所収斂作用薬
しゅうれん

痛みやかゆみをやわらげる成分と出血を抑える成分が
配合されている、坐剤タイプのお薬。

主なお薬の名前

● ヘルミチンS（坐剤）（写真上）

主な副作用　　発疹、かゆみ、局所の刺激感、色素沈着

服薬中の注意　**局所麻酔薬リドカインに対して過敏な方は使用を控
　　　　　　　える必要がある。**

糖尿病

体内の糖を分解し血糖を下げるインスリンが膵臓から分泌されにくくなったり、インスリンの働きが衰えることで血中のブドウ糖量が増え、高血糖状態（空腹時の血糖値：126mg／dℓ以上、あるいは随時200mg／dℓ以上*）となる疾患。ウイルス感染などの原因による1型と、不規則な生活などの原因による2型がある。　　　　　　　　　　　　　　　*日本糖尿病学会で定めている数値

▶▶ 起きやすい症状
倦怠感、口渇、浮腫、多尿、血行不良、白内障、皮膚病、腎疾患、手足の壊疽、脳梗塞、糖尿病網膜症、糖尿病腎症、糖尿病性神経障害の合併症など

▶▶ こんな様子がみられたら…
● 肥満気味 ➡ 食生活の改善と適度な運動を促す

● 毎日飲酒する ➡ 摂取する量や回数を減らしてもらう

● 早食い ➡ よく噛み、ゆっくり食べてもらう

▶▶ 治療に関する留意点
● 肺炎などの重度感染者や肝臓や腎臓などの重度疾患者の場合、経口血糖降下薬の十分な効果は難しいため、医師と相談してもらう。

● 食事前や空腹時に**インスリン注射**を行うと、過度に血糖値が下がり、低血糖(70mg／dℓ以下) を引き起こすことがあるので注意を払うほか、注射のタイミングや量が適正であるかを判断するために、事前に**血糖自己測定の数値を確認**するよう支援するとよい。

インスリン製剤

インスリンが分泌されにくい1型糖尿病の人に対し、インスリンを補うために処方されるお薬。

主なお薬の名前

- アピドラ（写真上）
- ノボリンN/R
- ヒューマリンN/R
- ヒューマログ
- ランタス
- レベミル

主な副作用　　低血糖による症状（ふるえ、動悸、冷や汗、強い空腹感など）

服薬中の注意　**食事を抜いたり、激しい運動を行ったときに低血糖が起こりやすいので注意が必要。**

スルホニルウレア系薬剤（SU剤）

膵臓に働きかけてインスリンの分泌量を増やし、血糖値を下げるお薬。主に2型糖尿病（インスリン非依存型糖尿病）に処方される。

主なお薬の名前

- アマリール（写真上）
- オイグルコン
- グリミクロン
- ジメリン
- ダオニール

主な副作用　　低血糖、肝機能障害、発疹、溶血性貧血、めまい

服薬中の注意　**腎臓病など持病のある人や高齢者は低血糖を起こしやすいので、服薬にはくれぐれも注意が必要である。**

速効型食後血糖改善薬

血糖値を下げるお薬。食事の直前に服薬することで、食後に高血糖に陥りやすい症状を改善してくれる。

主なお薬の名前

- グルファスト (写真上)
- シュアポスト
- スターシス
- ファスティック

主な副作用　低血糖による症状 (動悸、冷や汗、強い空腹感、頭痛、吐き気など)、心筋梗塞

服薬中の注意　**下痢を生じている**場合などには、**服薬の量の調整が必要**になることがあるので気をつける。

食後過血糖改善薬
(α-グルコシダーゼ阻害薬)

小腸での糖分の分解吸収を遅らせることにより、食後に血糖値が急激に上昇するのを抑えるお薬。食事の直前に服用する。

主なお薬の名前

- グルコバイ
- セイブル
- ベイスン (写真上)
- ボグリボース 後

主な副作用　おならや排便回数の増加、下痢、腹痛、便秘、嘔吐、食欲不振、肝機能障害

服薬中の注意　ほかの**血糖降下薬と併用**している場合には、**低血糖症**を起こすおそれがあるため、注意を要する。

ビグアナイド系薬剤

糖の吸収・生成の抑制や糖の代謝促進などによって血糖を下げるお薬。主に2型糖尿病に用いられる。

主なお薬の名前

- グリコラン
- ジベトス 後
- メトグルコ (写真上)

主な副作用	下痢、食欲不振、腹痛、吐き気、発疹、低血糖、乳酸アシドーシス（血液中に乳酸がたまる症状）
服薬中の注意	**飲み合わせによっては低血糖を招きやすくなることがあるので、医師と十分に相談**を。

合剤 (糖尿病治療薬)

インスリンの分泌を促進したり、インスリンの働きを高めることなどで、血糖値を下げるお薬。

主なお薬の名前

- グルベス配合
- ソニアス配合
- メタクト配合 (写真上)
- リオベル配合

主な副作用	悪心・嘔吐、脱力、筋肉痛、肝機能異常、黄だん、動悸、心不全、浮腫、胃部不快感、からせき、下痢
服薬中の注意	心血管・肺・腎臓系に障害がある場合や手術前後は服薬できない。

アルドース還元酵素阻害薬

手足のしびれや疼痛など、糖尿病性の末梢神経障害をやわらげ、病状の進行を抑える作用があるお薬。

主なお薬の名前

● **エパルレスタット** 後　　● **キネダック**（写真上）

主な副作用　　腹痛、吐き気、発疹、肝機能障害

服薬中の注意　服薬中、**尿の色が黄色や赤色などに変色することがあるが、お薬の成分によるものであることを事前に伝えておく。**

インスリン抵抗性改善薬

インスリンの分泌を促進するのではなく、インスリン抵抗性を改善するお薬。SU剤(P.78)などとの併用が認められているが、血糖値の下がりすぎには注意が必要。

主なお薬の名前

● **アクトス**（写真上）　　● **ピオグリタゾン** 後

主な副作用　　肝機能異常、黄だん、血圧上昇、動悸、心不全、浮腫、胃部不快感、からせき

服薬中の注意　心不全の基礎疾患がある場合は服薬できない。

DDP-4阻害薬

インクレチンを分解する酵素「DPP-4」の働きを阻害することで、インスリンの分泌を促進しグルカゴン分泌を抑制して、血糖値を低下させるお薬。

主なお薬の名前

- エクア
- グラクティブ
- スイニー
- トラゼンタ

- オングリザ
- ジャヌビア
- テネリア
- ネシーナ（写真上）

主な副作用　腹痛、便秘、下痢、動悸、めまい、肝機能障害、からせき、多汗

服薬中の注意　SU剤（P.78）との併用が認められているが、血糖値の下がりすぎには注意が必要。

SGLT2阻害薬

腎臓の近位尿細管でブドウ糖の再吸収に関与するSGLT2を阻害することで、血液中の過剰な糖分の尿への排泄を促進し血糖値を低下させるお薬。

主なお薬の名前

- アプルウェイ
- ジャディアンス
- デベルザ
- ルセフィ

- カナグル
- スーグラ（写真上）
- フォシーガ

主な副作用　頻尿、多尿、口渇、便秘、体重減少、膀胱炎、尿路感染症

服薬中の注意　利尿作用があるため、脱水、血液中の水分量低下に伴う脳梗塞や腎機能低下、尿路感染症などに注意。

脂質異常症

脂質の一種であるコレステロールが血中にたまる疾患。全身の動脈の内壁にコレステロールが付着するとアテローム状（粥状硬化巣）の動脈硬化などが生じやすい。LDLコレステロール値が高い「高LDLコレステロール血症」、中性脂肪値が高い「トリグリセリド血症」、善玉（HDL）コレステロール値が低い「低HDLコレステロール血症」などのタイプがある。

▶▶ **起きやすい症状**

- 初期…自覚症状はほとんどなし

- 進行すると…食欲の減退、上腹部の痛み、嘔吐、動脈硬化、脳血管障害など

▶▶ **こんな様子がみられたら…**

- 肥満と診断されたら ➡ 標準体重(BMI＊22の体重) を【身長(m) ×身長(m) ×22】で算出、これを目安に食事療法や運動(1日30分程度) をすすめる　　　　　　　　　＊BMIは体重と身長の関係から人の肥満度を表す数値

- 飲酒、喫煙 ➡ 量や本数を控えてもらう

▶▶ **治療に関する留意点**

- 脂質異常症治療薬は、よくなったからといって服薬を止めるとすぐにもとに戻りやすいとされる。服薬は血中の脂質値を適正値に下げる対症療法なので、**規則正しい生活習慣の改善**を併行して促す。

HMG-CoA還元酵素阻害薬（スタチン系薬剤）

肝臓でコレステロールが生成されるのを抑制することにより、体内のコレステロール値を低下させる作用があるお薬。

主なお薬の名前

- クレストール
- メバロチン（写真上）
- リバロ
- リピトール
- リポバス
- ローコール

主な副作用　肝機能障害、吐き気、腹痛、下痢、頭痛、不眠、発疹、かゆみ

服薬中の注意　**肝臓や腎臓に基礎疾患がある場合**には、**副作用が出やすくなる**ので注意が必要。

フィブラート系薬剤

中性脂肪の分解の促進や生成の抑制などによって悪玉コレステロールを減らし、善玉コレステロールを増やす作用があるお薬。

主なお薬の名前

- トライコア（写真上）
- フェノフィブラート 後
- ベザトールSR
- ベザフィブラート 後
- リピディル
- リポクリン

主な副作用　肝機能障害、胆石、腹痛、吐き気、発疹、かゆみ、脱力感

服薬中の注意　**肝臓や腎臓に障害がある場合**には、**使用できない場合がある**ので医師に相談する。

小腸コレステロール
トランスポーター阻害薬

小腸でのコレステロールの吸収を抑えることで、血中コレステロールを減らす作用があるお薬。

主なお薬の名前

● **ゼチーア** (写真上)

主な副作用　便秘、下痢、腹痛、嘔吐、発疹、肝機能障害、筋肉痛

服薬中の注意　**肝機能障害**がある場合は、服薬に際し注意が必要である。

陰イオン交換樹脂

腸菅内で胆汁酸と結合してその糞中排泄量を増大させることによって、血中コレステロールを減らす作用があるお薬。

主なお薬の名前

● **クエストラン**　　　　● **コレバイン** (写真上)

主な副作用　便秘、食欲不振、吐き気、下痢、腹痛、関節痛、筋肉痛、肝臓の異常、口内炎、発疹

服薬中の注意　**痔**を患っていたり、日ごろから**便秘がち**な場合には、**服薬前に必ず医師に相談**を。

ニコチン酸系薬剤

総コレステロールや中性脂肪などを減少させ、悪玉コレステロールを減らし、善玉コレステロールを増やす作用のあるお薬。

主なお薬の名前

- コレキサミン（写真上）
- トコフェロールニコチン酸エステル 後
- ペリシット
- ユベラN

主な副作用	ほてり、かゆみ、頭痛、めまい、発疹、食欲不振、吐き気、下痢、血糖値や尿酸値の上昇
服薬中の注意	**重度の低血圧症**がある場合、**使用できない**。また、**糖尿病や痛風の症状が悪化するケース**があるので注意する。

プロブコール

胆汁に含まれるコレステロールの排泄の促進や、コレステロールの生成抑制などによって、総コレステロール値を下げるお薬。

主なお薬の名前

- シンレスタール
- プロブコール 後
- ロレルコ（写真上）

主な副作用	下痢、腹痛、吐き気、食欲不振、発疹、かゆみ、貧血
服薬中の注意	**心臓に疾患**があり、**そのための服薬を行っている場合には、必ず医師に相談**を。

植物ステロール

コレステロールの代謝を促進したり、合成を阻害したりすることで、血中のコレステロール量を減らすお薬。

主なお薬の名前

- ガンマオリザノール 後
- ハイゼット (写真上)

主な副作用　発疹、かゆみ、食欲不振、下痢、胃の不快感、吐き気、眠気

服薬中の注意　薬効がおだやかで、副作用はほとんどない。

多価不飽和脂肪酸

魚油成分由来の薬。血液中の脂肪分（コレステロールと中性脂肪）を減少させ、血管内で血液が固まってしまうのを防ぐ作用があるお薬。

主なお薬の名前

- エパデール (写真上)
- イコサペント酸エチル 後
- ロトリガ

主な副作用　皮下出血、血尿、貧血、肝機能障害、発疹、かゆみ

服薬中の注意　**出血傾向のある人**に対しては、**慎重な投与**が必要とされる。

高尿酸血症(痛風)

血中の尿酸処理がうまく機能せず、血清尿酸値が7.0mg／dℓ*を超える状態が持続する疾患。尿酸の濃度が高まると尿酸塩結晶が生じ、針状となった結晶は、体の各関節などに沈着し関節痛などを引き起こすが、これが痛風性関節炎(痛風発作)とよばれる。　*日本痛風・尿酸核酸学会で定めている数値

▶▶ **起きやすい症状**

- 関節痛、尿酸塩の蓄積による痛風結節、尿路結石、血尿、腎疾患など

▶▶ **こんな様子がみられたら…**

- 高尿酸血症の原因となるプリン体を多く含む食品(P199参照) の摂取 ➡ 摂取量の制限を

- 尿酸濃度の上昇 ➡ 水分を1日2ℓ程度は摂取し、尿濃度の希釈を促す

- 酸性尿 ➡ 尿をアルカリ化する食品(ひじき、わかめ、ほうれんそう、ごぼう、大根、人参、バナナなど) の摂取や、尿アルカリ化薬での治療を促す

▶▶ **治療に関する留意点**

- 尿酸生成阻害薬の服薬初期には、**一時的に発作が強く出ることがある**。服薬にあたっては、タイミングを含めて医師に検討してもらう。

- **肝臓や腎臓の機能に影響を与えるお薬もあるため、医師の指示通り血液検査**などを受けてもらう。

痛風治療薬

尿酸を排泄する作用は無く、痛風の発作が起きたとき
に飲むお薬。発作の予兆が出たときや、発作の初期
に服薬することで効果を発揮する。

主なお薬の名前

● コルヒチン（写真上）

主な副作用　　悪心・嘔吐、下痢、腹痛、発疹（ほっしん）、かゆみ、脱毛

服薬中の注意　発作が起きて時間が経過してから服薬しても、あま
　　　　　　　り効果が得られないので注意する。過量服用で重い
　　　　　　　中毒症状、長期の予防服用で血液障害、生殖器障害、
　　　　　　　肝・腎障害、脱毛などの副作用が生じるおそれが
　　　　　　　ある。

尿酸排泄促進薬（はい せつ）

尿酸の尿中への排泄量を増やすことで尿酸値を下げ
て、痛風の発作を予防するお薬。

主なお薬の名前

● パラミヂン　　　　　　　● ベネシッド
● ベンズブロマロン 後　　● ユリノーム（写真上）

主な副作用　　尿路結石、尿の濁り、発疹、かゆみ、食欲不振、胃
　　　　　　　の不快感、下痢

服薬中の注意　**尿路結石や血尿などを防ぐ**ために、服薬中は**十分な
　　　　　　　水分補給**を心がけること。

尿酸生成抑制薬

体内で尿酸そのものの生成を抑える作用がある。血中・尿中の尿酸値を低下させるお薬。

主なお薬の名前

- アロプリノール 後
- ウリアデック
- ザイロリック（写真上）
- トピロリック
- フェブリク

主な副作用　発疹、かゆみ、食欲不振、下痢、皮膚障害、肝機能障害

服薬中の注意　お薬の成分の排出に時間がかかる場合があるので用量に注意する。

尿アルカリ化薬ほか

尿酸排泄促進薬（P89）の副作用としてあらわれやすい尿路結石を予防するためのお薬。尿をアルカリ性にすることで、結石を防ぐ。ウロカルンは結石の排出を促進するお薬。

主なお薬の名前

- ウラリット配合（写真上）
- ウロカルン

主な副作用　下痢、食欲不振、胃の不快感、吐き気、高カリウム血症

服薬中の注意　**腎臓や肝臓に障害**がある場合には、服薬に際し慎重を期する必要がある。

骨粗しょう症

骨量（正常値：若年成人平均値の80％以上*）の減少および骨の構造の劣化により、骨に「す」が入ったようにスカスカになる疾患。骨をつくるカルシウムの吸収が衰えることが原因とされる。多くは加齢によるが、女性の場合は閉経により女性ホルモンが低下することで起きやすくなるため、男性高齢者以上に注意が必要である。　　　　　　＊日本骨代謝学会で定めている基準

▶▶ **起きやすい症状**

● 初期…身長の縮みなど

● 進行すると…体の痛み、円背、つまずき、転倒、圧迫骨折など

▶▶ **こんな様子がみられたら…**

● 転びやすくなった、外出が苦痛 ➡ 杖や手すりなどで安全を確保しつつ、歩行や外出を無理のない範囲で促す

● 洗濯や掃除がつらい ➡ 具体的にどんな動作がつらいかを聞き取り、できることを一緒に行うなどして生活を支援する

▶▶ **治療に関する留意点**

● **カルシウムの栄養補助食品**などを摂取している場合、**骨粗しょう症治療薬**との併用で血中の**カルシウム濃度が上昇**し腎障害などを引き起こすことがある。医師等と連携し情報の共有に努める。

● **甲状腺機能亢進症、関節リウマチ、糖尿病**などの人は特に、**骨粗しょう症の兆候**がないか常に留意する。

カルシウム製剤

骨をつくる成分であるカルシウムを補うためのお薬。骨粗しょう症の場合は、ほかのお薬と併せて処方されることが多い。

主なお薬の名前

- アスパラ-CA（写真上）

主な副作用　腹部膨満感、胸やけ、軟便、頭痛、高カルシウム血症、結石症

服薬中の注意　**ほかのお薬との飲み合わせで、血中のカルシウム値が上昇してしまう場合があるので注意。**

活性型ビタミンD₃製剤

腸からのカルシウムの吸収を促進させ、骨を丈夫にする働きがあるビタミンD₃の吸収を活性化させるお薬。

主なお薬の名前

- アルファカルシドール 後
- アルファロール（写真上）
- エディロール
- カルシトリオール 後
- フルスタン
- ホーネル
- ロカルトロール
- ワンアルファ

主な副作用　高カルシウム血症、腎結石、尿路結石、食欲不振、吐き気、かゆみ

服薬中の注意　**カルシウムやビタミンDを含むお薬や食品を摂りすぎると、副作用などが起こりやすくなる場合がある。**

ビスホスホネート製剤

骨に付着して破骨細胞による骨吸収を抑えることで、骨密度を高めるお薬。

主なお薬の名前

- アクトネル
- ダイドロネル
- ベネット (写真上)
- ボノテオ
- アレンドロン酸 [後]
- フォサマック
- ボナロン
- リセドロン酸ナトリウム [後]

主な副作用	胃痛、吐き気、食欲不振、下痢、頭痛、発熱、発疹、かゆみ
服薬中の注意	**服薬中に歯科治療を受ける場合には、主治医に必ず事前に相談をすること。**

ビタミンK₂製剤

新しい骨の形成を助ける働きと、破骨細胞による骨吸収を抑える働きとをもつお薬。

主なお薬の名前

- グラケー (写真上)
- メナテトレノン [後]

主な副作用	胃の不快感、腹痛、下痢、発疹、頭痛、かゆみ、悪心
服薬中の注意	**発疹、発赤、かゆみ**などがあらわれた場合には、**すぐに主治医に相談**する。

選択的エストロゲン受容体調整薬 (SERM)

女性ホルモンの一種であるエストロゲンと同様に、破骨細胞を減らす作用があるお薬。体内の女性ホルモンが減少する閉経後の女性に処方されやすい。

主なお薬の名前

- エビスタ (写真上)
- ビビアント

主な副作用　乳房の張り感、膣からの分泌物の増加、ほてり、多汗、足のけいれん、体重増加、吐き気

服薬中の注意　**下肢の疼痛・浮腫、突然の呼吸困難、息切れ、胸痛、急性視力障害**などがあらわれたら、すぐに主治医に相談する。

イプリフラボン製剤

破骨細胞による骨吸収を防ぎ、骨の形成を促進するホルモン・カルシトニンの分泌を助けるお薬。

主なお薬の名前

- イプリフラボン 後
- オステン (写真上)

主な副作用　女性化乳房 (男性の場合)、むくみ、味覚異常、悪心・嘔吐、食欲不振、胸やけ、胃痛、めまい

服薬中の注意　このお薬は、**長期にわたって服用することが多い**ので、服薬中は**状態を十分観察する**ようにする。

3．本書の内容について
　①使いやすさ　　　（a.良い　　　　　　b.ふつう　　　　　c.悪い）
　②サイズ　　　　　（a.ちょうど良い　　b.大きい　　　　　c.小さい）
　③情報量　　　　　（a.ちょうど良い　　b.多い　　　　　　c.少ない）
　④価格　　　　　　（a.安い　　　　　　b.ふつう　　　　　c.高い）
　⑤役立ち度　　　　（a.高い　　　　　　b.ふつう　　　　　c.低い）
　⑥本書の良かった点・悪かった点等お気づきの点を自由にお書きください
　　（　　　　　　　　　　　　　　　　　　　　　　　　　　　　　　）

4．介護職業務について
　①現在従事されている業務は？
　（a.ケアマネジャー　b.サービス提供責任者　c.介護実務　d.その他（　　　　）)
　②現在お持ちの資格は？
　（a.ケアマネジャー　b.介護福祉士　c.ホームヘルパー1級
　　d.ホームヘルパー2級　e.ホームヘルパー3級　f.その他（　　　　　　）)
　③本書に掲載してほしい事項や、介護や福祉の分野でこんな書籍等があればいい
　　など、ご自由にお書きください
　　（　　　　　　　　　　　　　　　　　　　　　　　　　　　　　　）

5．通信講座の案内資料を無料でお送りします。ご希望の講座の欄に○
　印をおつけください（お好きな講座［2つまで］をお選びください）。

	ケアマネジャー講座　O7		福祉住環境講座　6J
	介護福祉士講座　9i		社会福祉士講座　6M

住所	〒□□□-□□□□		都道府県	市郡(区)
	アパート、マンション等、名称、部屋番号もお書きください		（　　様方）	
氏名	フリガナ	電話	市外局番（　　）市内局番（　　）番号	
		年齢	歳	（男）・（女）

Q9QQRO＊＊Q1

郵便はがき

169-8734

（受取人）
東京都新宿北郵便局
郵便私書箱第2007号
（東京都渋谷区代々木1-11-1）

U-CAN 学び出版部

愛読者係　行

‖‖‖‖‖‖‖‖‖‖‖‖‖‖‖‖‖‖‖‖‖‖‖‖‖‖‖‖‖‖‖‖

愛読者カード

介護で役立つ！ お薬＆医学の知識

　ご購読ありがとうございます。読者の皆さまのご意見、ご要望等を今後の企画・編集の参考にしたいと考えております。お手数ですが、下記の質問にお答えいただきますようお願いします。

1．本書を何でお知りになりましたか？
　　a.書店で　　b.インターネットで　　c.知人・友人から
　　d.新聞広告(新聞名：　　　　　) e.雑誌広告(雑誌名：　　　　　　)
　　f.書店内ポスターで　g.その他(　　　　　　　　　　　　　　　　)

2．多くの類書の中から本書を購入された理由は何ですか？
　(　　　　　　　　　　　　　　　　　　　　　　　　　)

うら面へ続きます

卵胞・黄体ホルモン混合剤

骨の代謝バランスをよくするエストロゲンと、子宮内膜を保護する黄体ホルモンとを補うためのお薬。主にこれらが減少する閉経後の女性に処方される。

主なお薬の名前

- **ウェールナラ配合**
- **エストラーナテープ**
- **エストリール**（写真上）
- **ホーリン**

主な副作用	乳房痛、めまい、性器の不正出血、悪心、食欲不振、発疹、かゆみ
服薬中の注意	エストロゲンにより悪化する可能性のある**乳ガンや子宮内膜ガン**がある場合は服薬できない。

知っ得！ コラム　骨粗しょう症になりやすいタイプとは？

やせ型、骨が細い、過去に骨折経験がある、運動が少ない、太陽光にあたらない、偏食、ステロイド薬の使用者、喫煙者など、このような方は骨粗しょう症になりやすいため、カルシウム摂取量や転倒防止には、特に注意が必要です。

関節リウマチ

異常を起こしたリンパ球が血液をめぐり、関節内の軟骨に炎症を起こして組織を壊す自己免疫疾患。関節液をつくる滑膜という物質が炎症に伴って増えることで、関節が腫れたり軟骨が破壊されたりし、全身の血管や組織にも影響をおよぼす。原因は不明とされるが、女性に多い疾患といわれる。

▶▶ 起きやすい症状
- 初期…発熱、貧血、倦怠感、皮膚乾燥など
- 進行すると…指の強直や変形、関節痛、腫れ、しびれ、瘢痕化など

▶▶ こんな様子がみられたら…
- めまい、貧血 ➡ 魚や海藻類、緑黄色野菜を意識した食を提供する
- 指のこわばり ➡ 痛みの軽減後に、指を静かに動かすリハビリや医療用の固定具などで拘縮を防ぐ
- 腫れ ➡ 抗リウマチ薬などにより免疫異常の早期改善を図る

▶▶ 治療に関する留意点
- 関節リウマチの**抗炎症薬は種類が多く、症状や体質によって処方されるお薬が異なる**ため、受診時には**病状を詳細に伝えるよう支援**する。
- 抗リウマチ薬の服用や病原体に対する免疫力の低下により、**感染症にかかると関節リウマチが悪化することがある**ので、**うがいや手洗い**をこまめに行うよう支援するほか、**体力がつく食**を意識して提供する。

非ステロイド性抗炎症薬 （NSAIDₛ）

関節リウマチによる痛みに対し、炎症を鎮める作用があるお薬。ただし、対症療法薬であり、根治をめざすためのお薬ではない。

主なお薬の名前

- セレコックス
- ブルフェン
- ボルタレン
- モービック
- ロキソニン (写真上)
- ロルカム

主な副作用　肝臓や腎臓の機能低下、胃痛、腹痛、吐き気、食欲不振、口内炎、発疹（ほっしん）、むくみ

服薬中の注意　**胃腸障害などの副作用**があるため、胃腸薬を併用する場合がある。

抗リウマチ薬 （DMARDₛ など）

体の免疫機能の異常を正すなどの作用のあるお薬。関節の痛みや腫れを引かせ、病気の進行を遅らせる効果がある。

主なお薬の名前

- アラバ
- ゼルヤンツ
- メタルカプターゼ
- モーバー (写真上)
- リウマトレックス
- リマチル

主な副作用　腎機能や肝機能の障害、食欲不振、吐き気、腹痛、下痢、発疹、かゆみ

服薬中の注意　**お薬の効果があらわれるまでに、数ヶ月かかる場合がある。**

ステロイド薬

炎症を鎮める効果が高く、免疫系疾患のほかアレルギー性疾患にも広く処方されている、ステロイド（副腎皮質ホルモンの一種）が配合されたお薬。

主なお薬の名前

- デカドロン
- プレドニン（写真上）
- レダコート
- プレドニゾロン
- リンデロン

主な副作用　不眠、下痢、吐き気、多毛、血圧上昇、体重増加

服薬中の注意　**水痘、麻疹（はしか）にかかったことのない方の場合は、事前に医師に伝えておくこと。**

水溶性金製剤

成分に金を含むお薬。関節の炎症部分に金が作用し免疫を調整して、腫れを鎮める効果をもたらす。飲み薬のほか、注射薬もある。

主なお薬の名前

- オーラノフィン 後 （写真上）

主な副作用　肝機能や腎機能の障害、下痢、腹痛、吐き気、食欲不振、口内炎、味覚異常、発疹

服薬中の注意　**腎障害、肝障害、血液障害のある人は、服用できない。**

脳血管障害

<ruby>脳<rt>のう</rt></ruby><ruby>血<rt>けっ</rt></ruby><ruby>管<rt>かん</rt></ruby><ruby>障<rt>しょう</rt></ruby><ruby>害<rt>がい</rt></ruby>

脳動脈が破れたり詰まることで酸素や栄養が運ばれず、脳の機能障害を引き起こす疾患。脳内出血、脳梗塞、くも膜下出血などのタイプがある。出血や梗塞の部位、範囲により症状が異なる。脳梗塞は、「脳血栓」「心原性脳塞栓」「ラクナ梗塞」などに分別される。

▶▶ **起きやすい症状**

- 手足のしびれ、体に力が入らない、激しい頭痛、嘔吐、視野欠損、言語障害、片麻痺、認知症など

▶▶ **こんな様子がみられたら…**

- ものをよく落とす、しびれる ➡ 指を握ってもらい、力が入るかを確かめるなど観察を続け、状況を医師等に共有する

- 血圧が上昇しやすい ➡ 排便時の強いいきみや、40度以上の湯に浸かるのは避けてもらう

- 嘔吐、激しい頭痛 ➡ すぐに救急搬送を行う

▶▶ **治療に関する留意点**

- **再発しやすい病気**とされるため、**精神的ケアとリハビリ**をあわせて行える環境を整える。

- 抗凝固薬や抗血栓薬の服薬により**止血しにくくなる**ため、**小さなケガにも注意**を促す。

- **手術や内視鏡検査など**の前には**抗血栓薬の服薬を中止**しているか、本人によく確認する。

抗凝固薬

血液が凝固するために重要な役割を果たすビタミンK
の働きを阻害し、血管内で血液がかたまり（血栓）をつ
くるのを防ぐ作用をもつお薬。

主なお薬の名前

- プラザキサ
- ワルファリンカリウム
- ワーファリン（写真上）
- ワルファリンK 後

主な副作用　出血（鼻血、皮下出血など）、止血しにくくなる、発
疹、吐き気、脱毛

服薬中の注意　**血友病**などの血液凝固障害や**出血の可能性**のある人
は、服薬できない。

抗血小板薬

血小板の働きを抑えることで血液を固まりにくくし、脳
の血管が詰まるのを防ぐ作用をもつお薬。

主なお薬の名前

- アンプラーグ
- バイアスピリン 後
- バファリンA81 後
- プレタール
- ドルナー
- パナルジン
- プラビックス（写真上）
- プロサイリン

主な副作用　出血（鼻血、皮下出血など）、喘息発作の誘発、吐き
気、食欲不振、胃痛、腹痛、じんましん

服薬中の注意　**喘息**がある場合は、**発作を誘発する可能性**があるの
で注意を。

脳循環・代謝賦活薬

脳や内耳の血流を増やし、エネルギー代謝をよくすることで、脳の働きをよくするお薬。血管内で血液がかたまり（血栓）をつくるのを防ぐ作用もある。

主なお薬の名前

- イフェンプロジル酒石酸塩 [後]
- ケタス
- セロクラール（写真上）
- ATP腸溶錠
- サアミオン
- ルシドリール

主な副作用　口渇、吐き気、食欲不振、頭痛、めまい、動悸

服薬中の注意　血小板の働きを抑えるお薬と併用すると、出血しやすくなることがある。

脳・血管系疾患

知っ得! コラム　脳血管障害が起こったときの脳内のしくみ

糖や酸素を大量に消費する脳には血管が張り巡らされています。その血管が切れて出血するのが「脳出血」で、血流が滞り、周囲の脳細胞が壊死するのが「脳梗塞」です。さらに、いつ破れて出血するかわからない脳動脈のこぶ（瘤）を「脳動脈瘤」といいます。

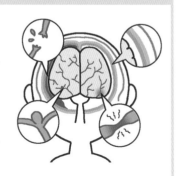

てんかん

てんかん発作には、何らかの原因で大脳の神経細胞が過剰に興奮状態となり、同様の発作を何度も繰り返し起こす（反復性発作）ものと、脳炎や髄膜炎・脳梗塞などの疾患に起因するもの、さらには、原因不明の突発性とがある。また、発作には意識がなくなり全身が硬直する強直間代発作、急に意識を喪失し、すぐに回復する欠神発作、意識はあるが体がふるえる単純発作などがある。

▶▶ 起きやすい症状

- （発作時）気を失って倒れるほか、全身のけいれんやこわばり、くいしばり、意識障害、また、繰り返し発作を起こすことも

▶▶ こんな様子がみられたら…

- **発作が起きたら ➡** 体を安全な状態に保護し、気道の確保を行う

- **発作を繰り返す ➡** 受診して、脳波の検査を受けるなど

- **ストレスが多い ➡** ストレスを減らし、生活環境を規則正しく整える

▶▶ 治療に関する留意点

- 薬物治療により発作がなくなっても**再発しやすい疾患**とされるため、**医師との連携により経過観察をしっかりと行っていく必要**がある。

- 抗てんかん薬によっては、**低ナトリウム血症**や**腎機能、認知機能の低下**を引き起こすことがあるので、**服薬後の様子**に注意する。

主に大発作に使用

てんかんの大きな発作が起きた際に処方されるお薬。脳の神経細胞の興奮が広がるのを抑止する作用がある。

主なお薬の名前

- アレビアチン (写真上)
- セレニカR
- テグレトール
- デパケン
- ヒダントール
- フェノバール
- 複合アレビアチン

主な副作用　注意力の欠如、物が二重に見える、舌のもつれ、吐き気、手のふるえ、多毛、骨や歯の異常

服薬中の注意　**勝手に服薬を中止すると、反動で重い発作が起きる場合**があるので注意を要する。

主に欠神発作に使用
けっしん

欠神発作とよばれる、ごく短時間の意識消失発作に対して処方されるお薬。脳神経の興奮を防ぐ作用がある。

主なお薬の名前

- エピレオプチマル
- ザロンチン (写真上)
- ミノアレ散

主な副作用　吐き気、食欲不振、腹痛、下痢、発疹、光線過敏症、頭痛、眠気、めまい、疲労感、幻覚
ほっしん

服薬中の注意　服薬後に**眠気を催す場合がある**ので、車の運転や高所での作業は避ける。

その他の薬剤

脳の神経を鎮め、てんかん発作を起こりにくくする作用があるお薬。ほかの抗てんかん薬と併用されることも多い。

主なお薬の名前

- イーケプラ
- ガバペン (写真上)
- トピナ
- リボトリール
- エクセグラン
- ダイアップ (坐剤)
- ラミクタール

主な副作用　眠気、めまい、ふらつき、頭痛、倦怠感、物がぼやけて見える、食欲亢進、体重増加

服薬中の注意　**肝機能や腎機能の障害**があると、副作用が出やすいので注意する。

知っ得! コラム　　抗てんかん薬の服薬管理

抗てんかん薬は、服薬を忘れると、重積発作(短時間に繰り返す発作)を起こしやすくなります。そのため介護者には、医師や薬剤師と相談の上、飲み忘れを防ぐ工夫が必要です。なお、飲み忘れたからと2回分を一度に服薬するのは危険なためNGです。

認知症

<ruby>認<rt>にん</rt></ruby><ruby>知<rt>ち</rt></ruby><ruby>症<rt>しょう</rt></ruby>

脳梗塞や脳出血、脳細胞の変質による脳の萎縮 (アルツハイマー病など) 等によって起こる認知機能の障害。また、脳腫瘍や、脳室に髄液がたまって起こる正常圧水頭症のほか、甲状腺機能障害による甲状腺ホルモンの低下や低酸素血症などが原因で発症することもある。

▶▶ 起きやすい症状

- 初期…記憶障害、判断力の低下、見当識障害➡(P107) など
- 進行すると…せん妄、幻覚、妄想、不眠、不穏、歩き回り、異食、ADL(日常生活動作) の低下など

▶▶ こんな様子がみられたら…

- 日付や曜日、人の名前を忘れる
  ➡ 今日の日付や曜日、本人や家族の名前を時々質問してみる
- 直前にやったことを忘れる
  ➡ 食事をいつ食べたか、何を食べたかなどを質問してみる
- ふだんできていたことができない
  ➡ どのようなことができなくなっているかを観察する

(注：本人の自尊心に配慮しつつ、物忘れか認知症かを慎重に確かめる)

▶▶ 治療に関する留意点

- 治療薬によっては、**不整脈、潰瘍疾患、喘息などの症状が出るもの**もあるため、服薬後は脈拍や呼吸の状態、食欲などを確かめる。
- 服薬だけではなく、認知症に効果があるとされる**回想療法**や**音楽・作業療法、傾聴**なども取り入れ、精神面でのケアも重視する。

アルツハイマー型認知症治療薬

脳内の神経伝達物質に作用して、アルツハイマー病の症状の進行を穏やかにするお薬。

主なお薬の名前

- アリセプト (写真上)
- イクセロンパッチ (貼付剤)
- ドネペジル塩酸塩 後
- メマリー
- リバスタッチパッチ (貼付剤)
- レミニール

主な副作用　食欲不振、吐き気、下痢、便秘、腹痛、倦怠感、動悸、発疹

服薬中の注意　**心臓病や気管支喘息**があると、症状を悪化させる場合がある。

漢方薬

イライラ感や不眠などの精神症状を緩和させる作用のあるお薬。筋肉のこわばりを取り除く効果も期待できる。

主なお薬の名前

- ツムラ抑肝散 (写真上)
- ツムラ抑肝散加陳皮半夏

主な副作用　むくみ、血圧の上昇、食欲不振、吐き気、下痢、発疹、発赤、かゆみ

服薬中の注意　含有成分により、高血圧や浮腫 (むくみ)、低カリウム血症などの症状があらわれることがあるため注意する。

非定型抗精神病薬

気分が落ち着かない、気持ちが沈むといった精神状態や躁状態を改善する作用があるお薬。

主なお薬の名前

- エビリファイ
- セロクエル
- ルーラン
- ジプレキサ
- リスパダール (写真上)
- ロナセン

主な副作用　体重増減、立ちくらみ、眠気、口渇（こうかつ）、便秘、尿が出にくい、動悸

服薬中の注意　**服薬量が増えると、手足のふるえといったパーキンソン病に似た症状が出る**場合がある。

知っ得! コラム　**認知症を取り巻く症状を理解する**

認知症には、基本症状である「中核症状」と、本人の性格や体調、環境などに応じてあらわれる「周辺症状」とがあります。利用者のこうした症状に対しては、中核症状の進行具合を冷静に見極めながら、介助方法の工夫等で周辺症状の軽減を目指すのが支援の中心になります。

周辺症状

せん妄　執着
幻覚　収集行動
妄想　介護拒否
睡眠障害　過食・異食
不安・焦燥　失禁・ろう便（便をいじる）
うつ状態　攻撃的行動

記憶障害　判断力の低下

中核症状

見当識障害
失語・失認・失行
実行機能障害

常同行動（同じ動作を繰り返す）・歩きまわる・帰宅願望

うつ病

脳内の神経伝達物質セロトニンなどの減少により、活動が減退して気分がふさぎ、意欲や喜びといった感情が低下する疾患。遺伝や体質による内因性、悩みなどによる心因性、脳疾患や糖尿病などによる身体因性のほか、薬物が原因の場合などがある。また、季節ごとや1日の中で気分が変化する（日内変動）こともある。

▶▶ 起きやすい症状

● 無表情になる、口数が減る、引きこもる、悲観的思考、全身倦怠、食欲不振、不眠、胃炎など

▶▶ こんな様子がみられたら…

● 外出したがらない
  ➡ 無理に外へ誘わず、気持ちの癒される事柄に話を向ける

● 自分を責める、卑下する
  ➡ 励ましの声かけは避け、傾聴と共感を示す

● 死を口にする
  ➡ できれば専門医に受診するよう、本人や家族に促す

▶▶ 治療に関する留意点

● 抗うつ薬は、効きめが出るまでに時間を要することがあり、**口渇やめまいなどの副作用が先に出てしまうことがある**ため、医師には、服薬前にそれらの作用をきちんと説明してもらう。

● **降圧薬、ステロイド薬、抗ガン剤**などによっては**うつ病の要因になることもある**ので、これら薬剤の服用中には気分のおちこみなどがないか気を配る。

選択的セロトニン再取り込み阻害薬 (SSRI)

不安感などをやわらげ、気持ちを楽にさせるお薬。従来の同種のお薬に比べ、比較的副作用が少ないのが特徴。

主なお薬の名前

- ジェイゾロフト
- デプロメール
- パキシル (写真上)
- パロキセチン 後
- ルボックス
- レクサプロ

主な副作用　吐き気、食欲不振、口渇、便秘、下痢、眠気、不眠、不安感、めまい、頭痛、ふるえ

服薬中の注意　**お薬の効用が十分に発揮されるまでに、数週間かかる場合がある。**

セロトニン・ノルアドレナリン再取り込み阻害薬 (SNRI)

脳内のセロトニンとノルアドレナリンの濃度を上げることで、不安感などをやわらげるお薬。

主なお薬の名前

- サインバルタ
- トレドミン (写真上)
- ミルナシプラン塩酸塩 後

主な副作用　尿が出にくい、口渇、吐き気、眠気、頭痛、目のかすみ、めまい、動悸

服薬中の注意　尿が出にくい場合には、症状が悪化するおそれがあるので注意する。

神経・精神系疾患

三環系抗うつ薬

脳内の神経伝達物質であるノルアドレナリンやセロトニンの量を増やし、神経の働きをよくすることで気分を前向きにさせる作用があるお薬。

主なお薬の名前

- アナフラニール
- アンプリット
- トフラニール
- ノリトレン
- アモキサン（写真上）
- スルモンチール
- トリプタノール
- プロチアデン

主な副作用　口渇、吐き気、食欲不振、便秘、眠気、めまい、尿が出にくい、起立性低血圧

服薬中の注意　**パーキンソン病の治療に用いられるセレギリン塩酸塩との併用は避ける。**

四環系抗うつ薬

三環系抗うつ薬の副作用がひどい場合に用いられることが多いお薬。効果が比較的短時間であらわれるという特徴がある。

主なお薬の名前

- セチプチリンマレイン酸塩 後
- テトラミド（写真上）
- ルジオミール
- テシプール
- マプロチリン塩酸塩 後

主な副作用　口渇、吐き気、食欲不振、食欲亢進、便秘、眠気、めまい、起立性低血圧、手足のふるえ

服薬中の注意　**高齢者の場合、副作用が出やすい傾向がある**ので注意が必要。

ノルアドレナリン・セロトニン作動性抗うつ薬 (NaSSA)

ノルアドレナリンとセロトニンという神経伝達物質を増強することで、気分を前向きにさせる効果をもつお薬。

主なお薬の名前

- **リフレックス** (写真上)
- **レメロン**

主な副作用　眠気、倦怠感(けんたい)、めまい、頭痛、口渇、便秘、吐き気、下痢、手のふるえ、頻尿(ひんにょう)、体重増加

服薬中の注意　**眠気が強く出る副作用があるので、できれば就寝前に服薬することが望ましいとされる。**

気分安定薬 (抗躁薬)

気分の浮き沈みを抑え、気分を落ち着かせてくれる作用があるお薬。躁状態を伴ううつに用いられることが多い。

主なお薬の名前

- **テグレトール**
- **デパケン**
- **バルプロ酸ナトリウム** 後
- **バレリン** 後
- **ラミクタール**
- **リーマス** (写真上)

主な副作用　手のふるえ、甲状腺機能障害(こうじょうせん)、口渇、吐き気、食欲不振、下痢、めまい、眠気

服薬中の注意　**手のふるえ、吐き気といった症状 (リチウム中毒) の副作用があらわれる場合がある。**

精神刺激薬

脳の神経を活性化させる作用をもつお薬。眠気を取り除く作用とともに気分を高める効果があるため、うつ病にも処方される。

主なお薬の名前

- コンサータ (写真上)
- ベタナミン 後
- モディオダール
- リタリン

主な副作用　口渇、食欲不振、吐き気、便秘、不眠、頭痛、体重減少

服薬中の注意　**依存性の高いお薬が多いので、決められた用量を必ず守る**ことを重視する。重度のうつ病の場合処方されないお薬もある。

その他の抗うつ剤

5HT₂受容体を遮断し、セロトニンの再取込みを阻害するお薬。鎮静作用が強く、不安障害・焦燥・睡眠障害などを伴ううつ病などで処方される。

主なお薬の名前

- デジレル (写真上)
- トラゾドン塩酸塩 後
- レスリン

主な副作用　動悸、不整脈、腸閉塞 (腹痛)、便秘、めまい、ふらつき、倦怠感、口渇、眠気、発熱

服薬中の注意　自殺企図、興奮、攻撃性、易刺激性、パニック発作が起きる場合がある。これらの傾向がみられたら主治医に受診するよう促す。

不眠症

脳内の交感神経が異常に緊張したり興奮することで、十分な睡眠や質のよい睡眠がとれなくなる症状。悩みやストレスによる心因性、病気などによる身体因性、生活などの変化による環境要因性などがある。また、アルコールなどの嗜好品、薬剤の副作用、脳疾患などの後遺症からも生じやすいとされる。

▶▶ **起きやすい症状**

● 入眠障害…寝つきが悪い

● 熟眠障害…眠りが浅い、熟睡感がない

● 中途覚醒…何度も目が覚める

▶▶ **こんな様子がみられたら…**

● 眠りが浅い、熟睡できない ➡ 昼間の活動や運動量を増やしたり、就寝前に入浴してもらうなど

● 何度も目覚める ➡ ストレスなどがないか、本人に原因を聞き取り、一緒に解決策を考える

● 早朝に目覚める ➡ うつ病などが原因でなければあまり気にせず、早朝型に生活を変える支援をする

▶▶ **治療に関する留意点**

● **症状と合わない治療薬は不眠症を悪化させる**ため、自己判断による服薬は止めさせる。

● **服薬の勝手な中断は、より眠れなくなる「反跳性不眠」を引き起こす**ことがあるため、減薬する場合は必ず医師と相談してもらう。

● **翌日まで薬の作用が残る場合は、お薬の種類や量について医師に相談してもらう。**

ベンゾジアゼピン系睡眠薬

一般的に「睡眠導入剤」とよばれているお薬。緊張感を
やわらげ、気分をリラックスさせて心地よい眠りに導く
作用がある。

主なお薬の名前

- エバミール
- ハルシオン
- ユーロジン
- レンドルミン（写真上）
- ドラール
- ベンザリン
- リスミー
- ロラメット

主な副作用　目覚めたときの眠気の継続、頭痛、めまい感、脱力
感、口渇（こうかつ）

服薬中の注意　**長期にわたって常用していると、お薬の効きめが弱
くなる場合がある。**

非ベンゾジアゼピン系睡眠薬

中枢神経に働きかけ、神経の働きを抑えることで自然
と眠りに導く作用のあるお薬。脳波の検査前などに処
方されることもある。

主なお薬の名前

- アモバン
- トリクロリール
- マイスリー（写真上）
- エスクレ（坐剤）
- ブロバリン
- ルネスタ

主な副作用　覚醒後も続く眠気、ふらつき、めまい、頭痛、吐き気、
発疹（ほっしん）、かゆみ

服薬中の注意　**ほかの安定剤や抗うつ剤などと併用すると、強く効
きすぎたり、副作用が出る場合がある。**

バルビツール酸系睡眠薬

脳全体の神経を鎮める作用があるお薬。不眠の症状がひどい場合や、ほかのお薬では効果が得られない場合に処方されることがある。

主なお薬の名前

- イソミタール
- フェノバール
- フェノバルビタール
- ラボナ （写真上）

主な副作用　覚醒後も続く眠気、注意力や集中力の低下、頭痛、めまい、たんぱく尿、発熱

服薬中の注意　**長期にわたって常用**していると、**お薬の効きめが悪くなる**場合がある。

メラトニン受容体作動薬

脳内の生活サイクルの形成にかかわるメラトニン受容体に作用し、正しい生活リズムをつくることで自然な睡眠をもたらすお薬。

主なお薬の名前

- ロゼレム （写真上）

主な副作用　めまい、頭痛、眠気、プロラクチン上昇*による生理不順、乳汁漏出、性欲減退
＊下垂体から分泌されるホルモンであるプロラクチンの量が血液中に増えること

服薬中の注意　副作用を強める場合があるので、服薬中の**飲酒は必ず控える**こと。

115

抗不安精神安定薬

緊張といった精神的な不安定要素をやわらげ、気持ちを落ち着かせることで眠気を誘う作用をもつお薬。

主なお薬の名前

- エリスパン
- コンスタン
- セディール
- セルシン
- デパス（写真上）
- メイラックス
- リーゼ
- ワイパックス

主な副作用　覚醒後も続く眠気、注意力や集中力の低下、めまい、生理不順

服薬中の注意　**長期にわたって常用**していると、**お薬の効きめが弱くなる**場合がある。

知っ得!
コラム

高齢者に多い睡眠導入剤の副作用

睡眠導入剤の副作用が強いと**ふらつき、めまい、日中の頻繁な居眠り、注意散漫、物忘れ、せん妄**などといった症状が出やすいので、日常の観察が大切です。もしこれらの様子がみられたら、服薬の時間や量・種類などの見直しが必要ないか、医師に相談しましょう。

パーキンソン病

脳内の黒質という神経細胞が、感情をつくる働きなどをつかさどる神経伝達物質・ドパミンを減少させて、運動や精神の機能障害を起こさせる神経疾患。障害を受ける神経の場所により、生じる運動障害も異なる。パーキンソン病の病期は5つの重症度に分類される*。特定疾患でもあり、医療費の公費負担が可能。

*ホーエン・ヤールの重症度分類

▶▶ 起きやすい症状

- 抑うつ気分、体のふるえ、筋固縮 (筋肉の強直)、動作の緩慢、姿勢反射障害(思うように動けない)、便秘、姿勢異常、歩行障害など

▶▶ こんな様子がみられたら…

- 前屈姿勢 ➡ 無理のない範囲で上体を反らす体操などを促し、少しでも前屈姿勢を防ぐ

- 小股歩行、すり足 ➡ 前のめりで視野が狭まるため、腰を支えるなどして転倒を防ぐ

- 言語障害、嚥下障害 ➡ 呼吸指導や、口の周囲の筋肉をほぐすなどして緊張を緩和させる

▶▶ 治療に関する留意点

- パーキンソン病治療は、**複数のお薬を併用することがある**ため、介護者は**お薬の種類や服薬回数に注意しながら服薬介助を行う。**

- **お薬の副作用により幻覚を起こさせるものがあるため、服薬管理には特に注意し、残薬は勝手に処分せず、医師や薬剤師に戻すようすすめる。**

レボドパ製剤

不足するとパーキンソン症状を呈す脳内の神経伝達物質・ドパミンを補う作用をもつお薬。効きめは非常に顕著にみられる。

主なお薬の名前

- イーシー・ドパール配合
- スタレボ配合
- ドパストン
- ネオドパストン配合（写真上）
- マドパー配合
- メネシット配合

主な副作用　吐き気、便秘、不随意運動（手足が勝手に動くなど）、幻覚、不眠、血圧低下

服薬中の注意　長期にわたって常用していると**不随意運動などが起きやすく**、お薬の効きめが悪くなる場合がある。

ドパミン受容体作動薬

不足するとパーキンソン症状を呈す脳内の神経伝達物質・ドパミンの受容体に働きかけ、ふるえやこわばりといった症状を改善するお薬。

主なお薬の名前

- カバサール（写真上）
- ドミン
- ニュープロパッチ（貼付剤）
- パーロデル
- ビ・シフロール
- ペルマックス
- ミラペックスLA
- レキップ

主な副作用　吐き気、食欲不振、便秘、幻覚、悪性症候群（発熱、体の硬直など）

服薬中の注意　**高血圧治療薬と併用**すると、**降圧作用が強くなる**場合があるので注意を。

選択的MAO-B阻害薬

ドパミンを分解する酵素「MAO-B」を抑える作用をもつお薬。分解酵素を抑えることでドパミンの濃度を上げ、パーキンソン病特有の症状をやわらげる。

主なお薬の名前

● エフピー OD（写真上）　　● セレギリン塩酸塩 [後]

主な副作用　　吐き気、食欲不振、便秘、口渇、不随意運動、興奮、めまい、不整脈、血圧変動

服薬中の注意　**通常は1錠から飲み始め、症状の変化や副作用の様子などをみながら量を増やしていくことが重要。**

末梢カテコール-O-メチル基転移酵素阻害薬

パーキンソン病の治療において基本となる「レボドパ」を代謝する酵素を阻害することでレボドパ製剤の有効時間を延ばし、パーキンソン病の日内変動を改善させるお薬。

主なお薬の名前

● コムタン（写真上）　　● エンタカポン [後]

主な副作用　　不随意運動、吐き気、食欲不振、便秘、めまい、立ちくらみ、不眠

服薬中の注意　服薬後、**眠気やめまいが起きる**場合があるので、車の運転や高所作業は控えること。

抗コリン薬

手のふるえや筋肉のこわばりといった、パーキンソン病の初期症状に有効なお薬。向精神薬の副作用(パーキンソン病に類似した症状)に対しても処方される。

主なお薬の名前

- アーテン (写真上)
- アキネトン
- セドリーナ
- トリヘキシフェニジル塩酸塩
- トリモール
- ペントナ

主な副作用　吐き気、口渇、便秘、尿が出にくい、目のかすみ、興奮、幻覚

服薬中の注意　**高齢者**の場合、**幻覚や錯乱**といった精神症状の副作用が出やすい傾向にあるため注意を。

その他の薬剤

ドパミンの合成を促し、ドパミンの流れを活発にする働きがあるお薬や、レポドパの作用を強めるお薬。レポドパ含有製剤と併用されるお薬もある。

主なお薬の名前

- シンメトレル (写真上)
- ドプス
- トレリーフ
- ノウリアスト

主な副作用　吐き気、口渇、便秘、食欲不振、頭痛、幻覚、不眠

服薬中の注意　特に**精神疾患や高血圧、不整脈**がある人の場合は、**服薬に注意を要する。**

排尿障害（前立腺肥大）

膀胱の下に位置する前立腺が肥大し、その内部を通っている尿道を圧迫することで、さまざまな排尿障害を起こす疾患。前立腺は加齢とともに肥大する傾向にあるとされる。放置しておくと尿が出なくなる尿閉を起こし、腎疾患を招くことにもなりかねないため、早めの治療を要する。

▶▶ 起きやすい症状

- 尿意を我慢できない、尿が出にくくなる、排尿に時間がかかるようになる、排尿しても残尿感がある、排尿量が少ない、尿が出ない（尿閉）など

▶▶ こんな様子がみられたら…

- **尿意を我慢している** ➡ 尿閉の原因にも ➡ トイレに行きやすい環境整備や声かけを考える

- **活動不足** ➡ 前立腺のうっ血 ➡ 昼間の活動や軽い運動を促す

- **冷え症** ➡ 血流が悪い ➡ 入浴などで下半身を温めて血液循環を促進させる

▶▶ 治療に関する留意点

- 他疾患の治療薬によっては**尿閉を起こしやすいものもある**ため、受診時には必ず**医師に排尿障害があることを伝えてもらう。**

- 前立腺肥大症には**前立腺ガンと似た症状がある**ため、区別がつきにくい。**尿意切迫、長時間の排尿、残尿感**などがみられたら**泌尿器科へすぐに受診してもらう。**

排尿障害治療薬（α遮断薬）

α受容体を遮断して尿道を拡張し、残尿感や頻尿の症状を改善させるお薬。

主なお薬の名前

- エブランチル
- ハルナールD
- フリバス
- ミニプレス
- ユリーフ（写真上）

主な副作用　めまい、血圧低下、動悸、頻脈、胃の不快感、吐き気

服薬中の注意　**降圧薬と併用**するときは、**血圧の下がりすぎに注意**すること。

コリンエステラーゼ阻害薬

アセチルコリンという神経伝達物質を代謝する酵素を阻害して、アセチルコリンの濃度を高めることで、膀胱の筋肉の収縮を高め、排尿をスムーズにするお薬。

主なお薬の名前

- ウブレチド（写真上）

主な副作用　下痢、腹痛、吐き気、発汗、唾液過多、尿失禁、頻尿、めまい、頭痛

服薬中の注意　尿路や腸に閉塞がある場合は使用できない。

生薬系製剤

植物エキスを成分とするお薬。前立腺のむくみや膀胱の粘膜の炎症を抑えて、症状を改善する作用がある。

主なお薬の名前

- **エピカルス配合** 後
- **エビプロスタット配合**（写真上）
- **エルサメット** 後

主な副作用　胃の不快感、食欲不振、吐き気、発疹、かゆみ（ただし、強い副作用は少ない）

服薬中の注意　**発疹**や**かゆみ**などが出た場合は、すぐに主治医に相談する。

黄体ホルモン製剤

女性ホルモンである黄体ホルモンを補うことで、男性ホルモンをを抑え、前立腺の肥大を縮小させる効果がある。

主なお薬の名前

- **プロスタール**（写真上）

主な副作用　勃起障害、性欲減退、むくみ、体重増加、頭痛、眠気

服薬中の注意　**男性が服薬**する場合は、**乳首の腫れ、痛みなどが生じる**場合がある。

その他の排尿障害治療薬

前立腺容積を縮小させるお薬、膀胱を弛緩させるお薬などがあるが、中には薬剤成分が皮膚から吸収されるものや狭心症に注意が必要なお薬もある。

主なお薬の名前

- アボルブ（写真上）
- ザルティア
- セルニルトン
- パラプロスト配合

主な副作用	勃起不全、乳房障害、じんましん、脱毛、多毛、動悸、ほてり、腹部不快感
服薬中の注意	ザルティアは、硝酸薬（ニトログリセリン等）と併用する場合、過度の血圧降下に注意が必要。

知っ得！コラム

排泄状態（はいせつ）がわかる排尿日誌の活用を

脱水や腎不全、長時間の座りっぱなし、風邪薬の服用などは、尿閉（にょうへい）の原因になり得ます。一方、利尿薬（りにょう）の服用中には、頻尿の結果脱水や低カリウム血症を起こす場合があります。これらの変化に気づく手立てとしては、排尿日誌が役立ちます。

頻尿(過活動膀胱)

意思に反して膀胱が収縮する疾患。通常、膀胱には300～500mℓの尿をためることができるが、少量の蓄尿でもすぐに排尿したくなる(尿意切迫感)、頻繁に排尿したくなる(頻尿)、我慢できず尿もれ(切迫性尿失禁)するなどの症状がみられる。前立腺肥大症、脳疾患などのお薬の副作用が原因となることもある。

▶▶ 起きやすい症状
● 頻繁に排尿する(頻尿)、排尿しても残尿感がある、尿もれ(尿失禁)、排尿量が少ない、尿が出ない(乏尿、尿閉)、排尿痛など

▶▶ こんな様子がみられたら…
● **夜間に何度もトイレに行く**➡ 就寝前はアルコールやカフェインなど利尿作用のあるものは控えてもらう
● **尿失禁** ➡ 尿道括約筋の強化を促す
● **残尿感** ➡ 前立腺肥大症ほか排尿障害を疑い、早めに受診してもらう　(注:症状によっては早期受診を要する場合もあるため、異常がみられたら医師へ相談を)

▶▶ 治療に関する留意点
● **治療薬**には、起床や立ち上がり時に起こりやすい**起立性低血圧やめまいなどを生じやすい**ものもあるので、ゆっくりとした動作を促し、立位や歩行時には注意して見守る。
● **口渇**や**便秘**などの副作用が生じることもあるので、**十分な水分補給**と、便秘の各症状に合った**食物繊維食品の摂取**をすすめる。

ムスカリン受容体拮抗薬

膀胱が収縮するのを抑える作用があるお薬。膀胱の筋肉をゆるめることで、より多くの尿をためておけるようになる。

主なお薬の名前

- ウリトス
- ステーブラ
- デトルシトール
- ベシケア (写真上)

主な副作用　眠気、めまい、頭痛、嘔吐、口渇、便秘、下痢

服薬中の注意　眼調節障害、めまい、眠気があらわれることがあるので、**自動車の運転等危険を伴う機械の操作は避ける。**

その他の頻尿改善薬

色々な作用によって、膀胱の緊張を抑制し、膀胱の容積を増加させたりすることで、頻尿を改善するお薬である。

主なお薬の名前

- ネオキシテープ
- バップフォー
- ブラダロン (写真上)
- ベタニス
- ポラキス

主な副作用　めまい、眠気、目の調節障害、頭痛、口渇、嘔吐、食欲不振、下痢、便秘、発疹、排尿困難

服薬中の注意　眼調節障害、めまい、眠気があらわれることがあるので、**自動車の運転等危険を伴う機械の操作は避ける。**

褥そう
じょく

車いすやベッドマットなどに長時間、体が接触し圧迫されることで、皮下組織や筋肉に酸素や栄養が供給されにくくなり、細胞が壊死を起こす疾患（皮膚の潰瘍）。褥そうの重症度は、皮膚変色または血疱、持続する発赤、真皮までの損傷、皮下組織までの損傷、皮下組織を越える損傷または関節腔・体腔にいたる損傷、判定が不能な深さの損傷の＊6つに分類される。

＊日本褥瘡学会による褥瘡の深達度分類

▶▶ 起きやすい症状
- 初期→発熱、皮膚の発赤、水疱など
- 重篤期→膿瘍、壊死、骨組織の欠損など
- 合併症→浮腫、低たんぱく血症、敗血症など

▶▶ こんな様子がみられたら…
- 円座を使っている ➡ 部分的な除圧は皮膚の血行不良を招くため、広面積での体圧分散を
- エアーマットを使っている ➡ 空気を減らして低圧に
- ベッドのギャッチアップ ➡ 体のずれや摩擦が起き、坐骨への褥そうを招くため避ける

▶▶ 治療に関する留意点
- **甲状腺機能亢進症やアレルギーの人は使用に注意すべき治療薬があるので把握しておく。**
- 服薬と併行し、**まめな体位変換と寝具の交換を行い、低栄養を防いで感染症から守る。**
- **皮膚を毎日洗浄**したり、**定期的に入浴**を行い、使用した古いお薬を皮膚に残さない。（注：患部は決してこすらないこと）

褥そう・皮膚潰瘍治療薬

血流の改善のほか、新しい血管や組織、表皮の形成を促すなどの成分を含んだ含んだ軟膏薬。

主なお薬の名前

- アクトシン
- ゲーベン
- プロスタンディン（写真上）
- オルセノン
- ソルコセリル
- リフラップ

主な副作用　発赤、かゆみ、かぶれ

服薬中の注意　プロスタンディンは**重篤な心不全**のある人が、リフラップは**卵白アレルギー**のある人が、それぞれ使用できない。

ヨウ素配合薬

殺菌作用があるヨウ素や白糖が含まれている軟膏薬。細菌から患部を守り、傷の治りをよくする働きがある。

主なお薬の名前

- イソジンシュガーパスタ 後
- スクロードパスタ 後
- ネオヨジンシュガーパスタ 後
- ポビドリンパスタ 後
- カデックス（写真上）
- ソアナース
- ネグミンシュガー 後
- ユーパスタ

主な副作用　発赤、かゆみ、かぶれ

服薬中の注意　ヨウ素が含まれているため、**ヨウ素に対してアレルギーがある場合は使用できない。**

遺伝子組み換え薬品

新しい肉芽ができるのを助け、血管の新生を促進する
作用のあるお薬。傷の治りを早める。

主なお薬の名前

● フィブラストスプレー（写真上）

主な副作用	患部の湿潤、かゆみ、発疹（ほっしん）、かぶれ、過剰肉芽組織
服薬中の注意	正常な皮膚にお薬が付着した場合には、必ず拭き取ること。

知っ得!
コラム

褥そうになりやすい部位を知っておく

低栄養や寝たきりが続くと褥そうに
なりやすいため、あらかじめなりや
すい部位を把握しておき、排泄（はいせつ）ケア
や体位変換時には、各部位をチェッ
クするようにしましょう。異常を見つ
けたら、医師等に伝え、早めに処置
してもらいます。

じんましん

アレルギーと関係する皮膚の肥満細胞が化学物質ヒスタミンを出して血管に作用することで、血液成分の血漿がもれて皮膚に膨疹が生じたり神経を刺激するなどの疾患。食品や貴金属、衣類、植物、気温、日光、薬剤、ストレスなど各種の原因がある。1ヶ月程度で治まる急性と、症状がそれ以上長引く慢性がある。

▶▶ 起きやすい症状

- 発熱、発赤、水疱、かゆみ、みみず腫れ、擦過傷、倦怠感、症状があらわれたり消えたりを繰り返すなど

▶▶ こんな様子がみられたら…

- **突然の発症** ➡ 早期に皮膚科でアレルギーテストなどを行い、原因を調べてもらう

- **疲労やストレスが多い** ➡ 症状を悪化させる要因となるので、改善策を考える

- **食品添加物を多く摂っている** ➡ じんましんの引き金となるため、献立や購入食品を見直す

▶▶ 治療に関する留意点

- **お薬によりじんましんを起こした場合、そのお薬を再び服用すると症状がさらに重くなることがあるため、介護者は薬剤名を記録し覚えておく。**

- 治療薬には**強い眠気**をもたらす副作用があるため、症状に応じて30分程度の昼寝や安楽な姿勢をすすめるなどし、活動に無理がないように配慮する。

抗ヒスタミン薬

アレルギー症状の発症にかかわる体内物質ヒスタミンの受容体をブロックすることで、アレルギーの諸症状を抑えるお薬。

主なお薬の名前

- アタラックス (写真上)
- タベジール
- ポララミン
- アレルギン
- ヒベルナ
- レスタミンコーワ

主な副作用　眠気、倦怠感、頭痛、めまい、吐き気、食欲不振、便秘、動悸(どうき)、排尿困難、光線過敏症

服薬中の注意　**緑内障、前立腺肥大症**がある場合は、服薬できないか、慎重投与が必要とされる。

抗アレルギー薬

ヒスタミンによるアレルギー症状を抑えるほか、アレルギーにかかわるほかの体内物質の放出も抑える作用をもつお薬。

主なお薬の名前

- アレグラ (写真上)
- アレロック
- ザジテン
- タリオン
- アレジオン
- クラリチン
- ジルテック
- ニポラジン

主な副作用　頭痛、眠気、めまい、吐き気、口渇(こうかつ)、腹痛、発疹(ほっしん)、肝機能値の異常

服薬中の注意　**ほかの疾患の治療薬を服薬**している場合には、**事前に必ず医師に伝えておくこと**。

皮膚系疾患

ステロイド合剤

セレスタミン配合錠
セレスタミン　セレスタミン
TTS-311　　　　TTS-311

アレルギー反応を起こすヒスタミンの作用を抑える抗ヒスタミン成分と、炎症を抑える副腎皮質ホルモン（ステロイド）の２つの成分が配合されたお薬。

主なお薬の名前

- エンペラシン配合 後
- サクコルチン配合 後
- セレスターナ配合 後
- セレスタミン配合 (写真上)
- ヒスタブロック配合 後
- プラデスミン配合 後
- ベタセレミン配合 後

主な副作用　眠気、倦怠感、めまい、口渇、目のかすみ、尿が出にくい、イライラ感、不眠

服薬中の注意　長期にわたり大量に服用していたのを突然中止すると、症状が悪化する場合がある。

化学伝達物質遊離抑制薬

アレルギー性疾患治療薬／クロモグリク酸型制汗剤
リザベン100mg 　KNZ
リザベン100mg　リザベン100mg

ヒスタミンやロイコトリエン等の化学伝達物質の遊離を抑えることで、アレルギー反応による様々な症状をやわらげるお薬。

主なお薬の名前

- アレギサール
- インタール
- ケタス
- ペミラストン
- リザベン (写真上)

主な副作用　食欲不振、下痢、嘔吐、肝機能障害、頭痛、眠気、膀胱炎様症状

服薬中の注意　肝機能障害に注意するため、長期に連用する場合は定期的な血液検査を必要とする。

帯状疱疹

<ruby>帯<rt>たい</rt></ruby><ruby>状<rt>じょう</rt></ruby><ruby>疱<rt>ほう</rt></ruby><ruby>疹<rt>しん</rt></ruby>

脊髄に潜伏している水痘帯状疱疹ウイルス（ヘルペスウイルス）が神経を通って皮膚に伝わり、赤い発疹や水疱があらわれる疾患。神経痛に似た痛みを伴う。他者への感染は少ないが、水疱瘡を発症したことがない人には、感染する可能性がある。抵抗力の衰え、疲労、睡眠不足、ストレスなどが原因となりやすい。

▶▶ 起きやすい症状

- 発症中…発熱、皮膚の発赤、倦怠感、水疱、潰瘍、かさぶた、痛みなど
- 治癒後…痛み、しびれ、知覚過敏など

▶▶ こんな様子がみられたら…

- **水疱 ➡** 水疱を破ると痛みとあとが残るため、患部を保護し、痛みの軽減には保温を

- **かさぶた ➡** 無理にはがすと帯状疱疹後の神経痛が生じるため、患部に触れないように促す

- **痛みが強い ➡** 血流の促進が痛みを軽減させるため、水疱がつぶれていなければ、ぬるめの湯に入浴を

▶▶ 治療に関する留意点

- **帯状疱疹の抗ウイルス薬は神経症状に作用をおよぼすことがある**ため、服薬後、せん妄や妄想など意識障害がないかを観察する。

- 呼吸器系や肝臓の疾患をもつ利用者には、服薬後、**息苦しさや動悸、からせき、吐き気、食欲不振などがないか**を確かめる。

ヘルペスウイルス治療薬

皮膚や粘膜に水ぶくれをつくるヘルペスウイルスの増殖を抑えるお薬。帯状疱疹のほか、水ぼうそうなどにも処方される。

主なお薬の名前

- アシクロビル 後
- アラセナ-A軟膏
- ゾビラックス (写真上)
- バラシクロビル 後
- バルトレックス
- ビダラビン軟膏 後
- ファムビル

主な副作用　下痢、吐き気、腹痛、めまい、眠気、頭痛、発疹、かゆみ

服薬中の注意　お薬の成分の排出がされにくくなる高齢者や、腎臓の疾患がある場合は注意が必要。

末梢性神経障害治療薬

このお薬の成分は生体内補酵素型ビタミンB_{12}で、末梢性神経障害や末梢性神経障害性疼痛(帯状疱疹後神経痛など)などで処方される。

主なお薬の名前

- メコバラミン 後
- メチコバール 後
- リリカ (写真上)
- プレガバリンOD

主な副作用　悪心、食欲不振、発疹、めまい、運動失調、眠気、頭痛、ふるえ、むくみ、便秘、下痢

服薬中の注意　リリカは、副作用が出やすくなるので、服用中は**アルコールの摂取は控える**こと。

その他の痛み止め

炎症を鎮め、腫れや痛みといった症状を抑える効果を
もつお薬。ただし、対症療法薬であり、痛みの原因疾
患を治すものではない。

主なお薬の名前

- ソランタール
- ナイキサン
- ポンタール
- トラムセット配合（写真上）
- ノイロトロピン

主な副作用　下痢、胃痛、吐き気、食欲不振、口内炎、むくみ、
肝臓や腎臓の機能低下

服薬中の注意　胃痛の副作用がある場合は、**ぬるま湯と一緒に服薬**
するようにすると**胃の負担が軽減**される。

帯状疱疹用外用薬

非ステロイドの抗炎症外用薬で、炎症、痛み、かゆみ
などの症状を和らげる。対症療法薬で、帯状疱疹そ
のものを治療するお薬ではない。

主なお薬の名前

- コンベック
- スタデルム
- スレンダム
- フエナゾール
- ジルダザック
- スルプロチン
- トパルジック（写真上）
- ベシカム

主な副作用　刺激感、熱感、発疹、水疱、腫脹、かゆみ

服薬中の注意　眼の周辺には使用しないように注意する。

疥癬
かい せん

ダニの一種であるヒゼンダニが皮膚の角質内に寄生し、1ヶ月程度の潜伏後に発症・感染を起こす疾患。皮膚に、赤い丘疹が線上に連なる疥癬トンネルをつくるのが特徴。抵抗力が衰えている場合には、強い感染力をもつ「角化型疥癬(別名：ノルウェー疥癬)」とよばれる重症型に陥ることがある。

▶▶ 起きやすい症状

- 通常の疥癬…頭部以外の部位に赤い発疹、かゆみなど

- 角化型疥癬…全身の発疹、激しいかゆみ、白い粉のような垢など

▶▶ こんな様子がみられたら…

- **通常の疥癬** ➡ 感染者には長時間接触しない

- **角化型疥癬** ➡ 個別に隔離し、衣服や寝具は毎日交換するが、疥癬は熱・乾燥に弱いため、50度以上の湯に10分ほど漬けてから洗濯し、寝具や衣類は日光乾燥させる。効果があるとされる硫黄入りの入浴剤(アレルギーの場合には医師に相談)なども試してみてもらう

▶▶ 治療に関する留意点

- 治療薬には**独特の刺激臭を伴うものもある**ので、軟膏剤の量には注意し、室内を換気して**風通しをよくしながら行う**。

- **認知症や意識障害などがある人は、軟膏剤が付いた部位や手指をなめたりしないように、処置が終わるまで目を離さない**ようにする。

駆虫薬

疥癬に対して保険適用されている内服タイプのお薬。
疥癬虫の駆除をするお薬で、2回の内服により駆除が
可能。

主なお薬の名前

● ストロメクトール（写真上）

主な副作用　　吐き気、下痢、発疹、一時的な強いかゆみ、めまい

服薬中の注意　本薬は**爪の疥癬には無効**であるため、爪白癬の治療
には使用しないこと。

鎮痒・消炎薬
ちん　よう

疥癬による皮膚のかゆみを鎮めるお薬。

主なお薬の名前

● オイラックス（写真上）

主な副作用　　一過性の刺激感（ただし、ほとんど副作用の心配はな
い）

服薬中の注意　口の周囲などに塗布する場合には、**誤ってなめてし
まわないように注意**が必要。

その他

疥癬用外用ローション。神経細胞のナトリウムイオンチャネルに作用し、反復的な脱分極を起こすことで殺虫作用を示す。

主なお薬の名前

● **スミスリン**（写真上）

主な副作用　皮膚炎、水疱、ひびあかぎれ、末梢性浮腫、ヒリヒリ感

服薬中の注意　塗布後は12時間以上経過したのちに入浴、シャワー等を利用するお薬。

知っ得! コラム　疥癬のできやすい部位を知っておく

疥癬は、特に手指の間や外陰部、股間などにできやすいのですが、見えにくい部位のために発見が遅れ、重度化したり、感染が広がってしまうケースも少なくありません。疥癬のできやすい部位には、日常の介護の中でもそれとなく気を配るようにしましょう。

爪白癬
つめはくせん

白癬菌というカビの一種が爪に侵入し感染する疾患。水虫の原因菌でもある。白癬菌は、爪や髪の毛の成分であるケラチンというたんぱく質を栄養にして増殖する。また、高温多湿の場所を好むため、気温が20 ～ 40度、湿度が60%以上の梅雨時や夏場は特に注意する。家庭や高齢者施設などで感染が広がりやすい。

▶▶ 起きやすい症状
- 激しいかゆみ、痛み、皮膚剥離、爪の欠損、白濁、爪が分厚くなる、変形など

▶▶ こんな様子がみられたら…
- **頭部、腹部、股間のかゆみ** ➡ 爪以外の部位にも転移しやすいため、すぐに皮膚科で受診を

- **タオル、バスマット、スリッパなどの共有** ➡ 感染者との共有を直ちにやめる

- **糖尿病患者** ➡ 合併症を起こしやすいため、早期に受診し、治療を開始してもらう

▶▶ 治療に関する留意点
- 爪白癬を治療する**抗真菌薬**によっては、**肝機能への影響や貧血などが生じることがあるため、服薬中には定期的な血液検査**でが必要。決まった受診日にきちんと受診できるように支援する。

- **服薬中はアルコールを控えてもらい、肝臓に負担をかけない食生活**をすすめる。

経口抗真菌薬

<small>けい こう</small>

爪白癬の原因となる真菌（カビ）を殺菌する作用がある
内服タイプのお薬。

主なお薬の名前

- **イトラコナゾール** 後
- **イトリゾール**
- **テルビナフィン** 後
- **ラミシール （写真上）**

主な副作用　嘔吐、腹痛、下痢、発疹、かゆみ、肝機能障害

服薬中の注意　肝障害や腎障害のある人は、服用に注意する。

外用抗真菌薬

細胞膜を破壊することなどにより、白癬（水虫）の原因
となる真菌（カビ）を殺菌するタイプのお薬。

主なお薬の名前

- **アスタット （写真上）**
- **ゼフナート**
- **ニゾラール**
- **ハイアラージン**
- **フロリード**
- **ペキロン**
- **マイコスポール**
- **ルリコン**

主な副作用　かぶれ

服薬中の注意　**傷がある部位に塗布**すると、**痛み**を感じる場合があ
るので注意する。

白内障

白内障は、眼球の中の「水晶体」の透明度が衰え白濁する疾患。遺伝による先天性、加齢による老人性、糖尿病や甲状腺機能障害などに起因する代謝性などがある。また、外傷、網膜や視神経の障害、アトピー性疾患、低栄養、紫外線、薬剤の副作用などからも発症するとされる。

▶▶ 起きやすい症状

- 視力低下、目のかすみや濁り、羞明 (光をまぶしく感じる)、眼鏡が合わないなど

▶▶ こんな様子がみられたら…

- **文字が見えにくい、外の光がまぶしい** ➡ 手術をするほどでもない場合は、天眼鏡や眼鏡を使用し、点眼剤などで進行を遅らせる
- **眼球の中心部が濁って見えにくい、日常生活に支障がある** ➡ 手術などによる眼内レンズの装着を

▶▶ 治療に関する留意点

- 術後は洗顔や入浴をしばらく控え、**眼球をこするなどの刺激は避けてもらう。**
- 防腐剤などが含まれた点眼剤によっては、添加物が副作用を起こすこともあるので、**市販の点眼剤などの使用は控えてもらう。**
- 手術により紫外線を感じやすくなるため、**UV効果の高い眼鏡の携帯をすすめる。**

点眼用白内障治療薬

白内障の原因である水晶体の濁りを起こすたんぱく質の変性を抑えることなどで、老人性白内障の進行を遅らせる目薬。

主なお薬の名前

- **カタリン**
- **タチオン** (写真上)

主な副作用　目の周囲の炎症、接触性皮膚炎、目のゴロゴロ感や痛み、充血

服薬中の注意　**あふれた点眼剤がまぶたなどに付着したままでいると炎症を起こす**ことがあるため、滴下の後はきちんと拭き取るか洗顔する。

点眼用非ステロイド性抗炎症薬

目の炎症を鎮め、腫れや痛みなどの症状を抑える作用をもつ目薬。白内障の手術時に用いられるものもある。

主なお薬の名前

- **ジクロード** (写真上)
- **ニフラン**
- **ネバナック**
- **プラノプロフェン** 後
- **ブロナック**
- **プロラノン** 後

主な副作用　副作用はほとんどないが、一過性の目の痛み、かゆみ、まぶたの腫れなどが出る場合がある

服薬中の注意　点眼のとき、容器の先端が直接目に触れないように注意する。

点眼用抗菌薬

殺菌効果のある目薬。白内障の治療薬としてだけではなく、細菌性の目の疾患にも幅広く処方されている。

主なお薬の名前

- **オゼックス**
- **クラビット**
- **ノフロ**
- **ベストロン**
- **ガチフロ**
- **タリビッド**（写真上）
- **ベガモックス**
- **ロメフロン**

主な副作用　副作用はほとんどないが、一過性の目の痛み、かゆみ、まぶたの腫れなどが出る場合がある

服薬中の注意　**アレルギーがある場合**には、**事前に必ず医師に伝えておくこと。**

知っ得!コラム

悪化した白内障は手術が有効

白内障は水晶体線維の細胞膜が酸化破壊される疾患で、初期段階では生活に支障はありませんが、進行すると視力障害が転倒や衝突の原因となり、骨折や寝たきりにつながることもあります。手術で確実に回復するので、適切なアドバイスが重要です。

緑内障

眼圧が異常に上昇することにより視神経が萎縮し、視力が低下する疾患。眼圧が正常でも視神経が弱いことから緑内障を生じるケース（正常眼圧緑内障）もある。視神経は萎縮すると回復が難しく、ほうっておくと失明にいたる。先天性、糖尿病による合併症、薬剤の副作用のほか、原因不明の急性緑内障もある。

▶▶ **起きやすい症状**

● 発症後…眼精疲労、眼圧の上昇、視野狭窄、視野欠損など

● 急性時…急激なめまい、吐き気、充血など

▶▶ **こんな様子がみられたら…**

● **長時間の読書やパソコンの使用 ➡** 眼精疲労を癒すために、冷タオルなどで目を冷やす

● **目の痛み、視野の狭窄・欠損 ➡** すぐに受診し、眼圧測定を受けてもらう

● **眼圧がずっと下がらない ➡** 手術などによる治療も視野に入れてもらう

▶▶ **治療に関する留意点**

● 心臓や呼吸器、血圧などに影響をおよぼす治療薬があるため、服薬後はバイタルの数値や様子に異常がないかを確認する。

● 点眼剤や軟膏剤の容器がまつげやまぶた、眼球などに直接触れると薬が菌で汚染されてしまうため、**決して皮膚に接触しないように使用**してもらう。

点眼用交感神経遮断薬

眼球内に蓄えられている水分（房水）の産生を抑え、眼圧を下げる点眼タイプのお薬。

主なお薬の名前

- チモプトール（写真上）
- デタントール
- ハイパジールコーワ
- ベトプティック
- ミケラン
- ミロル

主な副作用　かゆみ、かすみ、結膜充血、乾燥、角膜障害、頭痛、めまい、動悸、低血圧

服薬中の注意　**気管支喘息**や一部の**心臓疾患**のある人は、使用できないものもある。

点眼用炭酸脱水酵素阻害薬

眼球内に蓄えられている水分（房水）の産生を抑え、眼圧を下げる点眼タイプのお薬。ほかのお薬と併用されることが多い。

主なお薬の名前

- エイゾプト
- トルソプト（写真上）

主な副作用　目にしみる、涙目、かすみ、かゆみ、結膜充血、まぶたの腫れ、角膜炎、頭痛

服薬中の注意　**重篤な腎障害**のある人は、**使用できない。**

点眼用プロスタグランジン薬

房水の流出を促進することで、眼圧を下げる作用をもつ目薬。主に開放隅角緑内障（慢性緑内障の典型的な病型）の治療に処方される。

主なお薬の名前

- キサラタン
- タプロス
- トラバタンズ
- ルミガン
- レスキュラ（写真上）

主な副作用　目の痛み、かゆみ、結膜充血、まぶたの腫れ、目のかすみ、角膜障害

服薬中の注意　2つの点眼剤を使用する場合は、**5分以上間をあける**ようにする。

点眼用縮瞳薬

瞳孔を縮小させることで、房水の排水口を広げて房水の流出を促進する作用がある目薬。

主なお薬の名前

- ウブレチド
- サンピロ（写真上）

主な副作用　結膜充血、まぶたの腫れ、白内障の悪化、下痢、吐き気、頭痛、発汗

服薬中の注意　**瞳孔が縮小**することで、一時的に視力に変化が起こる場合がある。**点眼後は車の運転などを控えること。**

合剤

房水の流れをよくする作用と、房水の産生を抑えるという2つの作用により、眼圧を低下させる効果をもつ目薬。

主なお薬の名前

- **アゾルガ**
- **ザラカム**（写真上）
- **デュオトラバ**
- **コソプト**
- **タプコム**

主な副作用　角膜障害、まつげの異常、異物感、頭痛、めまい、動悸

服薬中の注意　**デュオトラバ**は、**気管支喘息**や一部の**心臓疾患**のある人は使用できない。

その他点眼薬

交感神経を刺激することで房水の流出を促進する作用と、房水の産生を抑制する作用があるお薬。アイファガンの処方は他薬で効果が不十分か、他薬を使用できない場合に限られる。

主なお薬の名前

- **アイファガン**
- **ピバレフリン**（写真上）

主な副作用　心悸亢進、頭痛、過敏症状、眠気、目のかゆみ、充血、結膜炎

服薬中の注意　高血圧や心臓疾患のある場合は、点眼で症状が悪化することがあるので注意する。

眼科系疾患

147

ガンの痛み

ガンは、生体に生じる悪性の腫瘍疾患。皮膚や消化管の粘膜などの組織にガン細胞が増殖し、血流やリンパ液を介して他臓器に広がる。このときに起こる痛み（疼痛）を放置していると神経が慢性的に興奮状態となり、より痛みを感じるようになるため、疼痛緩和治療が重要となる。ガンの疼痛緩和は3段階*に分けて行われることが多い。

＊WHO＝世界保健機関で定めているガンの疼痛治療に関する指標

▶▶ 起きやすい症状

● 急性疼痛…急に痛みが生じ、短時間で治まる

● 慢性疼痛…痛みが長期間続く

● 突出痛…突然生じる激烈な痛みなど　　＊ガンの種類により痛みの症状は異なる

▶▶ こんな様子がみられたら…

● **痛みを我慢している** ➡ 痛みが本格的になる前に疼痛薬を使用し、痛みの早期軽減をすすめる

● **痛みが治まらない** ➡ お薬の種類や量が適切かを医師に見直してもらう

● **多数の痛みがある** ➡ 痛みの発生時間や部位、症状、度合いなどを医師に情報共有する

▶▶ 治療に関する留意点

● 疼痛薬には**医療用麻薬が処方されることが多い**が、**疼痛緩和に使用する場合は中毒になる心配は原則ない**。医師が疼痛薬が必要だと判断するほど激しい痛みがあるのに躊躇している場合には、正しい情報の提供に努める。

非ステロイド性抗炎症薬 (NSAIDs)

プロスタグランジンという物質の産生や合成を抑制することによって、消炎、鎮痛や解熱の作用があるお薬。

主なお薬の名前

- ブルフェン（写真上）
- ボルタレン
- ポンタール
- ロキソニン

主な副作用　胃痛、腹痛、吐き気、食欲不振、口内炎、発疹、むくみ、肝臓や腎臓の機能低下

服薬中の注意　**併用してはいけないお薬が多い。医師の指示を厳守**することが大切。

中枢神経薬 (麻薬)

非常に効果の高い鎮痛薬で、持続性のある痛みに対して処方されるお薬。

主なお薬の名前

- アンペック（坐剤）
- MSコンチン
- オキシコンチン（写真上）
- オキノーム
- オプソ
- タペンタ
- デュロテップMTパッチ
- フェンタニル（貼付剤）

主な副作用　便秘、吐き気、食欲不振、眠気、めまい、尿が出にくくなる

服薬中の注意　めまいや眠気、呼吸抑制などの副作用が出やすくなるので、**アルコールの摂取は控える。**

疼痛系疾患

149

非麻薬性鎮痛薬

主にガンの疼痛緩和に処方されるお薬。強い鎮痛作用によって、ガンの激しい痛みを抑える。

主なお薬の名前

- ソセゴン（写真上）
- トラマールOD
- ノルスパンテープ（貼付剤）
- レペタン（坐剤）

主な副作用　嘔吐、食欲不振、眠気、めまい、発汗、血圧の変動、お薬への依存

服薬中の注意　**かゆみ**や**発疹**などの症状が出た場合は、すぐに主治医に相談する。

ステロイド薬

鎮痛補助薬として処方されることも多いお薬である。炎症を鎮め、鎮痛効果をもたらす作用がある。

主なお薬の名前

- プレドニン（写真上）
- リンデロン

主な副作用　不眠、下痢、吐き気、食欲不振、肌荒れ、多毛、脱毛、生理不順、むくみ、血圧上昇

服薬中の注意　ステロイド系のお薬は、量が多めで服薬期間が長くなると、副作用が出やすくなるので注意が必要である。

嘔気・嘔吐予防薬

手術の前後の悪心・嘔吐を抑えるお薬。本薬は脳に直接働きかけて、吐き気や嘔吐を止める作用をもつ。

主なお薬の名前

- ドラマミン
- ノバミン（写真上）

主な副作用　指や手足のふるえ、眠気、頭痛、吐き気、便秘、体重増加、血圧低下、不整脈

服薬中の注意　ドパミン受容体遮断作用があるため、**パーキンソン病様の症状に注意**する。

便秘解消薬

ガンの疼痛治療薬によっては副作用で便秘を引き起こすものがある。本薬は腸に刺激を与えて運動を活発化させることで、排便を促す作用をもつ。

主なお薬の名前

- アローゼン
- プルゼニド
- 酸化マグネシウム 後
- ラキソベロン（写真上）

主な副作用　腹痛、嘔吐、腹部膨満感、下痢、めまい、腸閉塞

服薬中の注意　**自然な排便が困難**になる場合があるため、**お薬の常用や多用には気をつける**。

疼痛系疾患

口内炎・歯周病

口内の病原性細菌が歯垢などに感染し、歯肉に障害を起こす疾患。歯垢、歯石、唾液の減少、合わない義歯や噛み合わせ、ストレス、高血圧、糖尿病などが原因となりやすい。口内の環境を不衛生にしておくと病原菌が形成されやすくなるため、細菌が増殖しやすい食後や就寝前の口内清掃は非常に重要である。

▶▶ 起きやすい症状

- 口臭、唾液のねばつき、ドライマウス、歯茎の腫れ、出血、歯槽膿漏、歯肉の退縮、歯のぐらつき、肺炎など

▶▶ こんな様子がみられたら…

- **口臭が強い** ➡ 歯周病の進行が考えられるため、歯茎の出血や化膿している部位がないかを確認する

- **舌が白い** ➡ 舌苔も歯周病の原因となるので、口腔ケアの際に除去する(P227参照)。

- **食事をしない** ➡ 食物や水分を経口摂取していない口内は、より細菌の温床となるため、食事をしなくても口腔ケアを行う

▶▶ 治療に関する留意点

- 歯周病には多数の病原菌種が存在するが、**市販薬などの服用**は体に適さなかったり、ほかのお薬との飲み合わせを悪くするものなどもあるため、**必ず歯科医の指導を受けてもらう。**

含嗽薬 (うがい薬)

<ruby>含<rt>がん</rt></ruby><ruby>嗽<rt>そう</rt></ruby>

のどや口内を殺菌消毒するお薬。感染を予防する効果があり、口内炎のほか、感冒などにもよく用いられる。

主なお薬の名前

- アズノールうがい液
- イソジンガーグル (写真上)
- 含嗽用ハチアズレ

主な副作用　重篤な副作用はないが、ヨウ素系のものについては、ヨウ素アレルギーに留意する

服薬中の注意　希釈用量を守り、1日に数回使用するが、**うがい液のつくり置きは止める。**

トローチ薬

細菌が原因で起こる口内の病気に対して処方されるお薬。のどに痛みがある場合に処方されるものもある。

主なお薬の名前

- アクロマイシントローチ
- SPトローチ (写真上) 後
- オラドールトローチ

主な副作用　重篤な副作用はほとんどない。まれに発疹といったアレルギー症状が生じる場合がある

服薬中の注意　噛み砕いたりせずに、**口の中でゆっくりと溶かすように使用すること。**

口内炎治療薬

ステロイド成分を含むお薬。炎症を取り除く効果があり、患部に直接塗ったり、貼りつけたり、噴霧したりして使用する。

主なお薬の名前

- アズノールST
- アフタシール（貼付剤）
- アフタッチ（貼付剤）
- サルコート（噴霧剤）
- デキサメタゾン　後
- デスパコーワ（写真上）

主な副作用　口内感染症（白い斑点様のものができる）、口腔内のしびれ、味覚の異常

服薬中の注意　感染症の症状を増悪するおそれがあるので、口腔内に感染を伴う方は使用できない。

歯周病治療薬

口内で細菌が繁殖するのを防ぐ作用をもつお薬。歯周病には軟膏タイプの薬が用いられる場合が多い。

主なお薬の名前

- ヒノポロン口腔用軟膏（写真上）
- ミノサイクリン塩酸塩歯科用軟膏

主な副作用　軟膏剤の場合、副作用の心配はほとんどないが、塗布時に痛みを感じる場合がある

服薬中の注意　軟膏剤を使用する場合には、患部はもちろん、手指を清潔にしてから行う。

お薬の扱いに
関する注意点

お薬の種類

形状と作用

● お薬によって各形状や服用の仕方が異なるのは、そのお薬が体内に最も効果的に吸収されるように考えられているからである。

お薬の主な種類と形状

■内用薬（口から入り、口腔粘膜や腸から吸収）

●錠剤	素錠（裸錠）	粉末を固めただけで、コーティングをしていない錠剤	コーティング錠	素錠の表面に均一に皮膜を施したもの。 白糖による糖衣錠などがある
	チュアブル錠	噛み砕いたり、唾液で溶かしたりして服用する錠剤	徐放錠	胃や腸の中でゆっくりと溶け、少しずつ吸収される錠剤
	口腔内崩壊錠	錠剤が口腔内で唾液または少量の水で崩壊することにより飲み込みやすくした製剤	口腔用錠剤	バッカル錠：頬と歯茎の間に入れて溶かす 舌下錠：舌の下に入れて溶かす どちらも口腔粘膜から吸収する

●カプセル剤：苦味や刺激など服用しにくい薬剤を飲みやすくする。薬剤やカプセルの溶解性を調節し放出制御をしたものも多い

●散剤：粉状の薬剤。粉薬

●顆粒剤：薬剤を小さな粒状にしたもの

●液剤：液体状の薬剤。甘味料が添加されたシロップ剤など

■外用薬（皮膚など体の外側から吸収され、各部位に作用する）

軟膏剤	皮膚や粘膜などに直接塗布して、消毒したり保護する。クリーム剤やゲル基剤がある	貼付剤	湿布薬のように、皮膚に直接貼ることで皮膚や筋肉に作用するものと、血液中に浸透する経皮吸収型製剤とがある
外用液剤	液状の薬剤。口腔内などを消毒したり保護する。うがい薬など	吸入剤	薬剤を霧状に噴出させ、口から吸い込み気管支や肺に作用させる
点眼剤 点鼻剤 点耳剤	局所に直接作用させる外用薬。液状のものが中心だが、噴霧剤、軟膏剤、粉薬もある	坐剤	肛門や腟に直接挿入し、粘膜から吸収される。経口服薬が困難な場合にも有効

■注射薬（皮膚内または皮膚もしくは粘膜を通じて体内に直接作用する）

お薬が体内で吸収されるしくみ

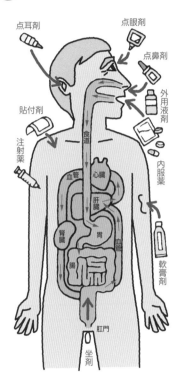

点耳剤

点眼剤

点鼻剤

外用液剤

貼付剤

注射薬

食道

血管

心臓

肝臓

腎臓

胃

血管

腸

内服薬

軟膏剤

肛門

坐剤

体内に入って排出される までのお薬の流れ

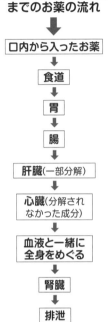

口内から入ったお薬

↓

食道

↓

胃

↓

腸

↓

肝臓（一部分解）

↓

心臓（分解され なかった成分）

↓

血液と一緒に 全身をめぐる

↓

腎臓

↓

排泄

◈ 吸入剤は、気管支や肺に直接
作用する。

◈ 坐剤投与後の薬物の吸収
直腸上部より吸収された薬物
は、下腸間膜静脈から門脈を
経て、全身循環に至る。一方、
直腸下部から吸収された薬物
は、肝臓を通過せず下大静脈
を経て全身循環に至る。

薬の半減期について

半減期とは、体内に入った薬の血中
濃度が最高値の半分になるまでの時
間のこと。それにより、お薬の効果
の持続時間や服用時間の間隔、服用
量などが決められる。お薬は通常、
約8時間程度の半減期をもつものが
多い。半減期の長いお薬は服用後、
体内の血液中にお薬が長く留まるた
め効果が長続きしやすいが、効果が
強いわけではない。

お薬の成分と用法

医薬品識別コード

- 医師から処方された薬には、**「医薬品識別コード」**といって包装材や裸錠に記号や数字が記載されている。
  その内容から、販売元や製剤含有量などがわかったり、インターネットなどから作用などを調べることができる。

- 同じ色や形状など判別がしにくい裸錠の場合には、**包装材や薬材本体に記載された識別コードを確認することで誤薬を防ぐことができる**ので、利用者の服薬内容を知っておくためにも、介護者は識別コードを理解しておくとよい。

同じ白い錠剤だけど識別コードを見るとこっちは胃酸抑制薬で、こっちは粘膜保護薬ですね

医薬品識別コードの見方

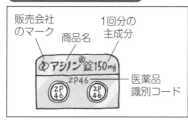

販売会社のマーク
商品名
1回分の主成分

アシノン®錠150mg
ZP46

医薬品識別コード

服薬時間

- お薬の溶ける速度は、温度が上がれば速くなり、温度が下がると遅くなる。そのため、散剤や錠剤など水と一緒に服用すべきお薬は、お薬が体内でより効果的に作用するように、必ず**コップ半分以上の量のぬるま湯（37度程度）**で飲んでもらうように促す。
- お薬の形状や服薬の時間、量、回数は、各薬の効きめに応じて決められている。例えば、**食前に飲むお薬を食後に服用すると、そのお薬の効果を得ることができなくなることもある。**
- **食後に服用するお薬が多いのは、食べた物が先に胃内にあることで、お薬を直接胃の粘膜に接触させないためである。その結果、胃や小腸への副作用を出にくくしている。**こうしたことから、**勝手に服薬の量や回数を変えることは危険**なため、服薬の介助を行う介護者は適切な服薬方法を理解しておく。

正しい服薬時間

食間	食前	食直前	食事 ◎	食直後	食後	寝る前	就寝 ●

食　前：食事の約30分前
食直前：食事のすぐ前
食　間：食事の約2時間後
食直後：食事のすぐ後
食　後：食事の後の30分位まで
寝る前：寝る直前、または30分位前

お薬の主な作用と服薬のタイミング例

服薬時間	薬剤の例	理　由
食　前	吐き気止め、食欲増進剤	食事を摂るときに効果が出るようにするため
食直前	一部の糖尿病薬	食後の血糖値の上昇を抑えるお薬なので、食後では効果がなく、食間では効きすぎるため
食直後	ビタミンA、イコサペント酸エチル	食べものと一緒のほうが吸収されやすいため
食　後	消化薬	食べものの消化を助けるお薬であり、食後が効果的であるため
食　間	一部の胃粘膜保護薬	胃の粘膜に直接作用するお薬なので、胃内に食べものがない状態がよい
寝る前	睡眠導入剤*	速やかな睡眠を誘うためのお薬なので、寝る前や直前がよい

*効き方に個人差がかなりあり、また、種類によっては服薬時間が異なるものもある

159

副作用と禁忌 ....

気をつけるべき副作用

- **副作用**とは、お薬を服用したときに、**目的以外の作用が出てしまうこと**。お薬は体内に入り、血液を通して全身をめぐるため、治療の目的とは異なる部位にも作用する場合がある。
- 介護者は**副作用のないお薬はない**ことを理解し、**適切な服用を守ってもらうようにケア**することが重要である。

副作用の種類と注意したい主なお薬

種類	症状	注意したい主なお薬
ショック症状	不快感、発汗、血圧低下、喘鳴、口内疾患、意識障害　など	・感冒治療薬→眠気 ・糖尿病治療薬→低血糖 ・パーキンソン病治療薬→幻覚
過敏症状	発熱、かゆみ、発疹、じんましん　など	・抗てんかん薬 　　　　　　→ふらつき、めまい
胃腸症状	食欲減退、便秘、下痢、腹痛、嘔吐　など	・降圧薬→めまい ・抗喘息薬→動悸、吐き気 ・肝炎治療薬 　　　　　　→食欲不振、頭痛
精神症状	めまい、眠気、不眠、疲労感、言語障害、神経過敏、抑うつなど	・潰瘍治療薬→便秘 ・骨粗しょう症治療薬 　　　　　　→胃の不快感

医薬品副作用被害救済制度

万一、病院や診療所、薬局などで購入した医薬品 (厚生労働省認可) を決められた用法に従って適正に使用したにもかかわらず、**副作用による健康被害**が生じた場合、その被害者に対して各種の副作用救済給付など速やかな**救済を図るための制度を利用する**ことができる。**対象は、副作用により入院を要する疾病、日常生活が著しく制限される障害および死亡**である。身近にこのような方やご家族がいたら、介護者として、こうした情報を明確に伝える役割を果たすことも重要である。

避けたい服用の仕方

- **処方薬と市販薬の併用**→過剰反応や予期せぬ病気、症状の悪化などを招くことがある。
- **多病多剤**→複数の治療薬を併用することで薬剤同士が作用して効果が強くなったり弱くなったりすることがあるため、服薬薬剤の種類が多い場合は医師に相談する。
- **水なしで、あるいは横になったまま服用する**→のどや食道にお薬が詰まって誤嚥（ご えん）を起こしたり潰瘍（かい よう）になることがあるため、介護者は必ず上体を起こさせ、水（ぬるま湯）を用意する。
- **水（ぬるま湯）以外の飲み物での服用**→作用（効きめ）が強まったり弱まったりする場合がある。
- **カプセルや裸錠を噛む**→体内に吸収される時間や作用が変わってしまう。

お薬と食べもの（飲みもの）の禁忌

- 解熱剤、鎮痛薬・睡眠導入剤ほか薬剤全般　**X 酒類**（アルコール）
- 骨粗しょう症治療薬・抗菌薬・抗生剤など　**X 牛乳**などの乳製品
- カルシウム拮抗薬・免疫抑制薬・睡眠導入剤・コレステロール降下薬など
  X グレープフルーツ
- 抗消化性潰瘍薬・気管支拡張薬・高尿酸血症治療薬など
  X コーヒー・紅茶・緑茶など
- 抗血栓薬
  X 納豆・大量の緑黄色野菜・クロレラ食品・*ビタミンKを多く含む食品
  *ひきわり納豆・かぶ・ケール・しそ・春菊・わかめ・抹茶など
- パーキンソン病治療薬など
  X 小麦胚芽・レバー、*ビタミンB₆を多く含む食品
  *牛肉・鶏のレバー・マグロの赤身・鮭・ピーナッツなど
- 気管支拡張薬・抗うつ薬・抗血栓薬など
  X セントジョーンズワート（西洋オトギリソウ：ハーブの一種）
- 降圧薬　**X *亜鉛が多く含まれる食品**
  *カキ、豚のレバー、アーモンドなどのナッツ類など
- 漢方薬の小柴胡湯（しょうさい ことう）　**X インターフェロン製剤**
  （注：上記は一部の例であり、また漢方薬や栄養補助食品と禁忌のものもあるため、服薬前には必ず医師に確認を）

服薬の介助

飲み薬

①誤嚥を防ぐために**起座位**にする（寝たきりの方はできるだけベッドの背を40～45度に上げる）。

②一包化されているお薬は開封し、水（ぬるま湯）の入ったコップを一緒に渡し、**服薬を見届ける**。片麻痺の方の場合は**健側の口角から薬を入れる**。

③**すぐに横にならず、数分そのままの姿勢を促す。**

（注：むせやすい方には、薬剤をオブラートに包んだり、ぬるま湯に混ぜてスポイトを用いるなど、お薬が飲み込みやすくなる方法を医師や薬剤師に早めに相談する）

塗布剤・貼付剤

患部を清潔にしてから行う。貼付剤は皮膚がかぶれないよう、**貼る部位を毎回変える**とよい。

（注：患部の状態や褥そうなどにより介護者が介助できない場合があるため、事前に医師に確認する）

点眼剤・点鼻剤・点耳剤

点眼剤は、上を向いてもらい、下まぶたを軽く指で引き、まつげやまぶたに点眼剤が触れないように結膜に**滴下した後、目を閉じて目**頭を数秒押さえてもらう。**点鼻剤**は噴霧後、顔を上げてもらい、鼻腔内に薬を浸透させる。**点耳剤**は頭を横に向けてもらい滴下する。

インスリン自己注射

次のような様子が少しでもみられたら、すぐに医師に相談する。

服薬量が合っていない／手がふるえている／認知症の症状がある／意識障害　など

坐剤

①排泄後、肛門（腟）を清潔にしたら**側臥位**にする。

②片足を腹部まで曲げる。

③息を吸いながら力を抜いてもらっている状態で挿入する。

（注：必ず手袋を装着して介助にあたる）

お薬の保管と管理

適切な保管場所

- **お薬によって保管方法が異なる**ため、必ず処方せんや使用上の注意を確認する。

- 電子レンジやテレビなどの電化製品のそばや、直射日光のあたる場所、浴室・洗面所・車内など高温多湿の場所は避け、**風通しのよい冷暗所**へ。

- **坐剤**は体温で溶けるようになっているので、**冷蔵庫に保管して**おくことが望ましい。

- **シロップ剤**や**液剤**は、処方された容器以外に**移し替えたりしないこと**。また、付属の**カップ**など直接皮膚に触れるものは、**使用後に必ず洗浄し乾燥**させる。

薬の飲み忘れが多い場合

- **カレンダー**、**ピルケース**、**名刺フォルダー**、**仕切りつきのカゴ**などを活用し、1日分ずつや「朝昼晩」など**時間に合わせて小分け**にしておく。

- **認知症**の場合、間違えてお薬を飲んでしまわないように手の届かない場所に保管し、**その都度介護者がお薬を用意したり、次の時間に飲むお薬をメモに書いて置いておく**など誤薬を防ぐための工夫をする。

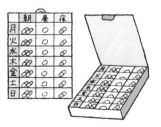

介護現場の困った事例Q&A

Q1 利用者宅の押入れで、有効期限の切れた古い残薬が何種類も出てきた。

A まず、症状に異変がないかを確かめる。その上で、残薬の原因を検証する。例えば、物忘れや認知症による飲み忘れ、服薬の仕方がわからない、お薬のことを忘れていた、症状がよくなったから飲まないなど**理由を必ず調べ**、ケアマネジャーや主治医、薬剤師など介護にかかわる**チームで対策を考える**。また、有効期限の切れた残薬は誤薬の原因となるので、担当医や薬剤師に戻す手配をする。

Q2 朝の服薬を忘れたからと、昼に2回分を服薬している。

A お薬の成分によっては強く作用が出てしまい、めまい、吐き気、頻脈、意識混濁などの急性期症状が生じる場合がある。そのため、**飲み忘れた分を、あとでまとめて服薬することは絶対に避けてもらう**。このような場合には、昼の分のみ服薬し、朝に飲み忘れたお薬には日付と「朝」と包装材に記載しておくと、いつの残薬なのかがわかり、誤薬も防止できる。

Q3 多病多剤のため、いくつか服薬を忘れてしまう。

A 服薬の量や回数が多すぎて頻繁に飲み忘れが起こるようなら、薬剤師に相談すると**ワンドーズパック（一包化）**にしてもらうことができる。ただし、本人の意思や容態をチェックしながら服薬したほうがよい薬もあるため、**事前に医師に薬の内容や本人の症状を確かめてもらって決める**。

Q4 飲みにくいからと、顆粒剤や裸錠を おかずやごはんに混ぜて飲んでいる。

A 食べものとお薬が一緒に胃に入ることで**お薬の成分が異常反応を起こしたり、本来の作用が出にくくなってしまうことがある**。また、カプセル剤や錠剤などを食べものとともに噛み砕いてしまうと、**次第に効くようにできている作用が早く強く出てしまうおそれもあり、半減期**（P157参照）**にも影響するため、食事に混ぜることは絶対にやめてもらう**。介護者は、**とろみ剤や嚥下ゼリーを用いたりと、服薬しやすい方法をケアにかかわるチームで考える。

Q5 服薬後、尿が変色した方がいる。

A 下剤、抗生剤、抗真菌薬、潰瘍治療薬、パーキンソン病治療薬など何種類かのお薬は、**副作用により濃い黄色や赤色、黒ずんだ尿色を帯びることがある**。利用者には**処方せんにある副作用の情報を服薬前に伝え、安心させる**。

Q6 自分が使用しているお薬の名前や 作用を理解していない。

A 高齢や認知症により、持病や服薬内容をわかっていない方に対しても、**服薬の際には薬の名前や作用をきちんと伝えるようにする**。また、かかりつけの薬局で**「お薬手帳」**を発行してもらえるので、処方されたお薬の履歴や効果、副作用などを記載してもらったり、利用者やご家族に、担当の医師やケアマネジャー、介護者の名前などを記しておいてもらうのもよい。

Q7 診療を受けるたびに、医療費の負担が大きいと嘆く方がいる。

A 長い年月をかけて最初に開発・販売される新薬は、その分コストがかかっている。しかし、新薬の特許期間終了後、厚生労働省の承認の下で新薬と同等に製造・販売される**ジェネリック医薬品**とよばれる後発医薬品は、開発コストを抑えられるため**新薬よりも安価で購入できるとされる**。医療費に経済的な負担を感じている方がいたら、ジェネリック医薬品などの情報を伝え、主治医に相談してもらうのもよい。

（注：お薬によっては変更が好ましくない場合もある）

Q8 同じ症状だからと、近所の人にもらった抗アレルギー薬を飲んでいる。

A 病院からもらうお薬は、患者の症状、体質、年齢などによって処方されているものであり、その効き方は人によって異なる。そのため、**同じ症状だからといって他人にも適するとはいえず、かえって過剰反応や副作用が強く出てしまうなど大きな事故につながりかねないため、お薬をもらったり交換し合っている方がいたら絶対に止めてもらう。**

Q9 症状が改善されないからと、市販の便秘薬と病院で処方された便秘薬の両方を服用している。

A 市販薬と処方薬を併用することで、同じ成分のお薬を適用量以上に多く飲んでいたり、飲み合わせの悪い薬同士が影響し合って**効きめが強まったり弱まったりする可能性もあるので、市販薬と処方薬の併用は止めてもらう。**また、市販の**栄養補助食品**や**漢方薬**などについても、**事前に医師に相談するように促すと安全**である。

医療用具の使用に
対する介助

痰の吸引

行うべき対象

- **口腔内にたまった痰や唾液などの分泌物を、吸引器を使って排出させる**こと。自力で嚥下や喀痰ができない方の誤嚥や窒息を防ぐために 行う。

- **吸引は苦痛を伴うことがある**ため、実施時の対象者の様子をよく観察し、**吸引が耐えられない場合の合図**を、あらかじめ対象者と決めておくとよい。

痰の吸引を行う手順　口腔の場合

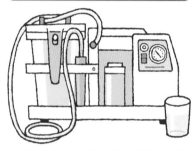

準備するもの

痰の吸引器、吸引チューブ、滅菌水か水道水（洗浄用）の入った容器、アルコール綿、消毒薬、タオル、使い捨て手袋、マスク、エプロン

①対象者に吸引を行うことを伝える。バイタルを確認したら、施術者は手洗い後、エプロン、マスク、手袋を着用する。

②対象者の頭部を少し拳上し、首元にタオルなどをかける。

③吸引器の電源を入れ、吸引圧を*指定の数値に調整する。吸引チューブをホースに接続し、チューブの先端をアルコール綿で拭いて消毒する。

*吸引圧は機器によって異なるため、事前に医師や看護師に必ず確認しておく

④水道水の入った容器に吸引チューブを入れて1〜2回吸引（通水）し、確かめる。

⑤吸引チューブとホースの接続部を曲げて片手で押さえ、チューブの先端から5〜7cmあたりを持ち、口腔内に静かに挿入する。挿入する長さは10cm程度を目安に。

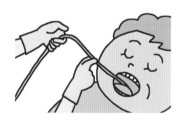

⑥チューブの接続部を開放し、肉眼で確認できる範囲の分泌物を吸引する。1回に10秒以内を目安に、のどの奥、舌の順に行う。痰が付着したチューブは、滅菌水（水道水）を通して洗い流す。たまった分泌物は、感染症などがなければトイレに廃棄する。

⑦吸引終了後は電源を切り、対象者に終了を伝える。
実施時間、分泌物の状態を記録した後、備品や吸引チューブは洗浄し、専用の消毒薬などで消毒してからしっかりと乾燥させる。

（注：吸引チューブは定期的に交換し、使用後は必ず医師や看護師の指示に従って処分する）

知っ得メモ

厚生労働省が定める一定の研修を修了し、都道府県知事に登録した介護職員等は、口腔内（咽頭の手前まで）、鼻腔内、気管カニューレ内部までの痰の吸引を実施できる。そのため、医師や看護師と連携しながら、注意点を理解しておくことが重要である。

！こんなことに注意！ ⋯⋯⋯⋯⋯⋯⋯⋯⋯⋯⋯⋯⋯⋯

・チューブを深く挿入したり吸引圧が強すぎると嘔吐反射や低酸素症を起こすことがあるため、**圧や吸引時間を必ず確認し、口蓋垂や咽頭などにチューブが付かないように親指で押さえながらチューブを操作**する。
・続けて吸引を行う場合は、**その都度チューブをアルコール綿で拭き、チューブ内に滅菌水（水道水）を入れて洗浄**する。

経管栄養 (胃ろう)

行うべき対象

- 経口摂取が困難な方のために、内視鏡手術などで**胃に管状の穴（瘻孔）を開け、チューブなどを用いて、その穴から直接胃に流動食や水分などを送り込む栄養補給法。**
- 胃ろうにはチューブタイプとボタンタイプがあり、不要になれば穴を閉じることもできる。

経管栄養の注入を行う手順　胃ろうの場合

●胃ろうのしくみ

（瘻孔の断面図）

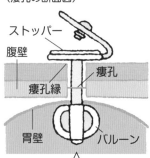

ストッパー
腹壁
瘻孔
瘻孔縁
胃壁
バルーン

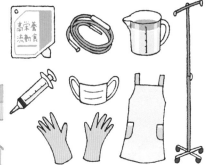

> 胃ろうの構造や形状は、バンパー型ボタンタイプ、バンパー型チューブタイプ、バルーン型ボタンタイプ、バルーン型チューブタイプの主に4種類がある。上図はバルーン型ボタンタイプ。

①バイタルを確認したら、施術者は手洗い後、エプロン、マスク、手袋を着用する。対象者を食卓のいすに移乗し（寝たきりの場合はベッドの背を40～45度程度上げる）、座位にする。

準備するもの

栄養剤入りバッグ、点滴セット、微温湯（20mℓ程度）の入った容器、カテーテルチップシリンジ（ぬるま湯を入れる）、点滴スタンド、使い捨て手袋、マスク、エプロン

②施術者は、点滴セットの*クレンメが閉まっていることを確認したら、栄養剤入りバッグに点滴をセットする。

*滴下の速度と量を調節する器具

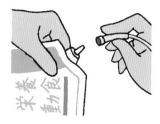

③点滴スタンドに栄養剤入りバッグをかけ、点滴セットの滴下筒に栄養剤を少々ためる。クレンメを開放し、点滴セットの先端まで栄養剤を満たしたらクレンメを閉じる。

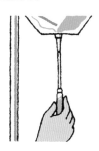

④ボタンタイプは、胃ろう部のボタンを開け、点滴セットの先端をまっすぐ挿入し、接続部を回転させて閉める。チューブタイプは、点滴セットを胃ろうチューブに接続する。クレンメを開け

て栄養剤を注入する。

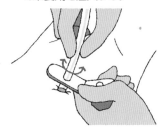

⑤栄養剤の注入が終了したらクレンメを閉め、胃ろう部から点滴セットをはずす。チューブタイプは、カテーテルチップシリンジでぬるま湯を注入する。胃ろう部のふたを閉め、対象者に終了を伝える。

⑥注入後は、食道への逆流を防ぐため30分〜1時間ほど座位でいてもらう。実施前後の状態を記録後、備品を洗浄し、専用の消毒薬などで消毒する。

知っ得メモ

厚生労働省が定める一定の研修を修了し、都道府県知事に登録した介護職員等は、経管栄養（胃ろう、腸ろう、経鼻経管栄養）を実施できる。医師や看護師と連携しながら、注意点を理解しておくことが重要である。

酸素療法

行うべき対象

- 血中の**酸素飽和度が低下した方に対し、濃度の高い酸素を送り込む**治療法。神経疾患、重度の脳血管障害、肺疾患などにより、十分な自発呼吸ができないことが原因とされる。
- **家庭や施設**などでは、**鼻腔に挿入したカニューレ**に、酸素濃縮器や小型の酸素ボンベなどを使って**濃縮した酸素**を送り込む**酸素療法**が行われることがある。

酸素濃縮器を使用する手順　鼻腔の場合

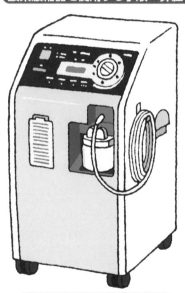

準備するもの
酸素濃縮器、蒸留水の入った加湿ボトル、鼻腔カニューレ、アルコール綿、使い捨て手袋、マスク、エプロン

①施術者は、対象者の呼吸状態を観察、確認する。息苦しさがみられるようなら、施術者は手洗い後、エプロン、マスク、手袋を着用し、酸素療法の準備を行う。

②パルスオキシメーターで対象者の酸素飽和度（正常値：96〜100％）を測定し、正常値よりも低く息苦しさも続くようなら酸素法を促す。

③酸素濃縮器の電源を入れ、*指定の酸素濃度値に調整する。カニューレの先端をアルコール綿で拭いた後、対象者の鼻腔にカニューレを装着し、酸素療法を開始する。

*医師や看護師から事前に指示のあった酸素濃度値

④酸素療法により、対象者の息苦しさや呼吸困難などが改善されたら、電源を切り鼻腔カニューレをはずす。再び酸素飽和度を測定し、正常値まで上がっているかを確認し記録をとる。

⑤数値や様子に問題がなければ、鼻腔カニューレを洗浄した後、専用の消毒剤などで消毒して乾かす。

知っ得メモ

介護職に認められている酸素濃縮器にかかわる介助の範囲は、**酸素濃縮器の備品の点検**と片づけなどで、カニューレの装着はできない。しかし、**機器が誤った酸素量の数値を示している、鼻腔カニューレがきちんと装着されていない、酸素が適切に送られていないなどの場合には速やかに施術者に知らせる。**備品の衛生が保たれているかなどにも配慮する。

⚠ **こんなことに注意！** ⋯⋯⋯⋯⋯⋯⋯⋯⋯⋯⋯⋯⋯⋯⋯⋯⋯⋯⋯⋯⋯⋯⋯⋯⋯

・酸素吸入中は、燃焼しやすいので、**喫煙や火気は避ける。**
・鼻腔内の粘膜が乾燥しやすいため、加湿ボトルの精製水（ぬるま湯）が減ったら足し、療法中はまめに換気を行う。
・鼻腔カニューレを挿入することで、**鼻腔内の粘膜を傷つけていないか**、また、**唇や爪の色、顔色なども観察**する。
・血中の酸素飽和度が上昇しすぎると、脳内指令により呼吸数が抑えられる。しかし、**患者の呼吸が苦しそうでも勝手に酸素濃度の数値を変えたりせず、血中飽和度を測定の上、主治医にすぐ連絡**する。

消化器ストーマ（人工肛門）

行うべき対象

- 腸の疾患などにより肛門からの排泄が困難な場合に、腸などを腹壁に引き出して人為的につくった排便のための排泄口。「ストーマ（口）」とよばれる。直腸ガンなど、肛門近くに発症した腫瘍などを切除することにより造設するケースが多い。
- 一時的につくる場合と、肛門の切除により排泄機能を失う永久的な場合とがある。

ストーマパウチの交換を行う手順　ツーピースタイプの場合

●ストーマのしくみ

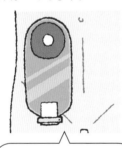

腹部に開けた穴と腸をつなぎ、そこから排便できるようになっている。便をためる袋（パウチ）には、体に貼りつける保護剤付きシートと合体したワンピースタイプと、シートと別々になったツーピースタイプがある。

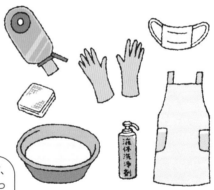

準備するもの
ストーマ用ツーピースタイプのパウチ（便をためるための袋）、ぬるま湯の入った容器、ガーゼ、洗浄剤、使い捨て手袋、マスク、エプロン

①施術者は手洗い後、エプロン、マスク、手袋を着用し、ストーマパウチの交換を行うことを対象者に伝える。

②施術者は、たまった便がもれないようにストーマパウチを慎重にはずす。そのパウチの排出口を開けてたまった排泄物をトイレに捨てる。

（注：ストーマのパウチは定期的に交換する。また、交換したパウチは、パウチ内の排泄物を捨てた後、においがもれないようにビニール袋などに密閉して処分する）

③施術者はストーマ基部にシワが寄らないようにシートに新しいパウチをきれいにはめ込む。

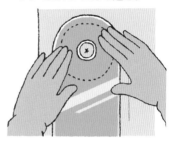

④パウチの空気を少し残して、排出口を閉じる。対象者に交換を終えたことを伝え、便の状態や量などの記録をとる。

知っ得メモ

介護職に認められているストーマ装具の交換に対する介助の範囲は、**ストーマの装具の用意、パウチにたまった排泄物の処理、肌への接着面に皮膚保護機能を有するストーマ装具の交換である**。

！ こんなことに注意！

・装具は、**入浴時や排便が起こりにくい食前など**に交換することが望ましい。
・ストーマ装具の交換時には、ストーマ周辺をよく洗浄し、やわらかいタオルやガーゼなどでやさしく拭いて乾燥させる。
・排泄のコントロール機能を失うため、**排泄時のにおいや音に対して過敏になることがある**ので、**介護者は精神的なケアにも配慮**する。

介護職に認められている医療器具やお薬にかかわる介助

- 水銀体温計・電子体温計による腋窩（か）での体温計測および耳式電子体温計による外耳道での体温測定
- 自動血圧測定器による血圧の測定
- 入院治療の必要がない者に対するパルスオキシメータの装着
- 軽微な切り傷、擦り傷、火傷、汚れたガーゼなどの交換処置（専門的な判断や技術を要しない場合）
- *皮膚への軟膏の塗布 （褥そうの処置を除く）
- *皮膚への湿布の貼付　　*点眼薬の点眼
- *一包化された内用薬の内服 （舌下錠の使用も含む）
- *肛門からの坐薬挿入　　*鼻腔粘膜への薬剤噴霧

  *患者の状態が安定し、医師や看護師などの経過観察を要さない、医薬に関する専門的な配慮の必要がないことを医療職が確認し、医療免許資格者でない者による医薬品の使用介助ができることを本人または家族に伝え、本人または家族の依頼により医師の処方を受け、事前に患者ごとに区分し授与された医薬品について、医師などの処方および薬剤師の服薬指導の上、看護職員の保健指導・助言を遵守した医薬品の使用を介助する場合

- 爪切り、爪ヤスリによるやすりがけ （爪や、その周囲の皮膚に化膿や炎症がなく、糖尿病などの疾患に伴う専門的な管理が必要でない場合）
- 歯ブラシや綿棒などを用いた歯、口腔粘膜、舌の汚れの除去 （重度の歯周病などがない場合）
- 耳垢の除去 （耳垢塞栓の除去を除く）
- ストーマパウチにたまった排泄物の処分
- 肌との接着面に皮膚保護機能を有するストーマ装具の交換
- 自己導尿カテーテルの準備、体位の保持
- ディスポーザブルグリセリン浣腸器を用いた浣腸 （挿入部の長さが5～6cm程度以内、グリセリン濃度50％、成人用の場合で40g程度以下の場合）
- *痰の吸引 （口腔内（咽頭の手前）、鼻腔内、気管カニューレ内部）
- *経管栄養 （胃ろう、腸ろう、経鼻経管栄養）

  *厚生労働省が定める一定の研修を修了し、都道府県知事に登録した介護職員等は、上記の痰の吸引および経管栄養を実施できる （厚生労働省 医政発第0726005号 平成17年7月26日および改正省令 平成23年10月3日公布より抜粋）

高齢者に多くみられる症状とその介助

❀ 高血圧 💊 薬剤についてはP23

◈ 主な原因と症状

- 収縮期（最高）の血圧値が140mmHg以上、拡張期（最低）の血圧値が90mmHg以上の状態が続く疾患。
- 本態性と二次性とがあり、前者は遺伝や環境（食事、運動不足、ストレスなど）などが、後者は各種疾患が要因となりやすい。
- **頭痛**、意識障害、脳梗塞、腎障害、狭心症などが生じる。

◈ 主な治療法と予防

- 降圧薬の服薬と併行し、**食塩およびアルコールの摂取制限**ほか、**禁煙、定期的な運動**を行い、**体重の増加を抑える。**
- 心臓病や脳卒中などの合併症に注意する。**定期的に血圧を測定**し、上記のような生活を続けながら血圧の安定を保つ。

◈ 介護ポイント

- 脂肪分や塩分のコントロールなどの食事制限を行う場合、料理が薄味で食欲が減退してしまっている方には、塩分を控える分、**だしをしっかりと利かせたり**、**ユズや酢、ゴマ**など、酸味や香りのある食材や、**ショウガやネギ**などの薬味を取り入れて味にメリハリをつけ、食欲をわかせるように工夫する。
- **入浴**の際には、湯温は**40度以内**を目安にぬるめに設定する。また、湯に浸かるときは**肩を出し**、**長湯は控えて**もらう。

⚠ こんなことに注意！

・**急激な温度差**は高血圧の方の大敵なので、屋内外の気温差が生じないように注意する。特に寒い**冬場の入浴前**には、浴室の床やシャワーチェアなどに湯をかけたり、浴室内を温めておいたり、脱衣所も保温するなどしておく。

❀ 心筋梗塞  薬剤についてはP31

◈ 主な原因と症状

- **心筋に酸素や血液を供給する冠状動脈**が閉塞し、血流の減少によって心筋に壊死が生じる疾患。冠状動脈の硬化が原因となりやすい。
- 心臓を急激に絞られるような**強い胸痛や呼吸困難**、**不整脈**などの症状のほか、心不全などの合併症を伴うこともある。

◈ 主な治療法と予防

- 血栓を溶かす血栓溶解療法や、冠状動脈への血流を促す再灌流療法などを行う。また、原因となっている疾患（**動脈硬化、高血圧、糖尿病、脂質異常症**など）の治療にも専念する。
- 動脈硬化の原因とされる**喫煙**や、**脂肪分の多い食事**を減らす。

◈ 介護ポイント

- 寛解しても、あわてたり緊張すると再び心筋梗塞を誘発することがあるので、**ゆったりとした生活**を送ることができるように、工夫をする。
- 気分のよいときには、無理のない範囲で**散歩**や**家事**など軽い運動や活動も行ってもらう。
- 排便の際、強くいきむと心臓に負担がかかるため、便秘など排便が困難な場合は、**排泄ケア**を見直す。

！ こんなことに注意！

・心筋梗塞は**一刻を争う**ので、心臓を絞られるような痛みや胸痛がみられたら、すぐに医療機関へ連絡を。また、ふだんから心臓にチクチクとする痛みがないか、ドキンと波打つような動悸がないかも確かめておく。

不整脈 薬剤についてはP35

主な原因と症状

- 正常な場合、**1分間に60〜80回**ほど打つ心臓の脈動が、速くなったり遅くなったり、不規則に打ったりする状態。
- 心疾患から生じる症状で、**脈が速くなる（100回以上／分）頻脈**と、**脈が遅くなる（60回未満／分）徐脈**が生じる。
- チクリとした胸痛や強い動悸、めまい、けいれんなどに注意する。

主な治療法と予防

- 不整脈の原因となる心筋の異常収縮の抑制や心房細動の治療が中心となる。
- **喫煙**、**過度のアルコール**、**カフェイン**の摂取や**ストレス**を抑え、肥満、高血圧、糖尿病があれば治療する。

介護ポイント

- バイタルチェック時には、心臓がチクリと痛んだりドクンと強く波打つような動悸がないかなど、脈だけでなく心臓の動きや顔の表情、動作などの変化も見逃さないように観察し確認する。
- 軽度の不整脈は経過観察を行うが、生活の中で急がせたりあわてさせるようなことは控え、**リラックスした環境**を整える。
- **長湯や熱い湯**、**排泄時の無理ないきみ**は避けてもらう。

⚠ こんなことに注意！

・高齢者は便秘がちだが、いきみは**心臓に負担**をかけ、不整脈の悪化を招くことがあるので、食生活や水分摂取で改善する。どうしても便秘がひどい場合には**下剤や浣腸**の使用や**摘便**などで軽減できるかを**医師や看護師に相談**する。
（注：摘便は医行為であり、また、羞恥心を伴い、粘膜を傷つけたり血圧変動の危険もあるため、慎重な判断が必要である）

❀ 風邪症候群（感冒） 🔖薬剤については P50

主な原因と症状

◈ 飛沫感染や接触感染により、病原体が体内に侵入して生じる疾患。**空気が乾燥**すると、**ウイルスや細菌が活動しやすい**環境となるため、特に冬場は風邪を引きやすくなる。

◈ 頭痛、せき、鼻水、鼻づまり、痰、くしゃみ、発熱、下痢、咽頭や関節の痛みなどが生じる。

主な治療法と予防

◈ 安静、保温、保湿、水分・栄養分の補給に努める。ビタミンやブドウ糖の点滴などを受け、**免疫力や抵抗力を高める。**

◈ 感染経路をできるだけ遮断し、液体洗浄剤による**手洗い**、**うがい**を習慣づける。また、人の多い場所では**マスクを着用**する。

介護ポイント

◈ 風邪による発熱から水分が失われ、**脱水**が起こりやすいため、こまめな水分摂取を忘れないようにする。ただし、水ばかり飲んでいると胃液を薄めて体内の消化吸収を悪くするので、**塩、砂糖、レモンを入れた経口の補水液**などをすすめる。

◈ **低栄養**などが原因で風邪をよく引く方には、医療機関への受診をすすめ、原因となる疾患の有無を確認する。

⚠ こんなことに注意！

・インフルエンザなどのウイルス性のものや細菌が原因になる風邪の場合、集団生活を伴う施設などでは集団的感染も心配されるため、早期に感染源を発見し、感染の拡大を阻止する。

❖ COPD
（慢性閉塞性肺疾患）
まん せい へい そく せい はい しっ かん

 薬剤に
ついてはP43

◆ 主な原因と症状

◎ 気道が**狭窄**を起こし、酸素が肺へ供給されにくくなる疾患。**肺気腫**と**慢性気管支炎**の総称。

◎ **喫煙**が大きな原因といわれる（COPD患者の90%は喫煙者とされる）ほか、ハウスダストや大気汚染なども一因とされる。

◎ せきや痰をつねに多く生じ、**重篤な呼吸障害**を起こす。

◆ 主な治療法と予防

◎ 気管支拡張薬や吸入ステロイド薬の服薬ほか、**酸素療法**（P172参照）などを取り入れる。体位変換や呼吸のリハビリも行う。

◎ 予防は**禁煙**と、**住環境の衛生**を保つことを最優先とする。

◎ インフルエンザなどに留意し、**事前にワクチン接種**を行う。

◆ 介護ポイント

◎ 長時間のせきや大量の痰を生じるため、排痰をスムーズにする**体位ドレナージ**や**タッピング**（P183参照）を検討する。また、脱水を防ぐために水分も十分に摂取してもらう。

◎ 呼吸困難を伴うため、口呼吸が苦しい場合には、主治医の指導の下、適切な**呼吸リハビリ**（腹式呼吸など）を促す。

◎ 酸素療法を行う場合は、介護者は**酸素濃縮器**の適切な酸素飽和度や吸入時間などを把握しておく。

⚠ こんなことに注意!

・火気のそばで酸素吸入を行うと火事や爆発を誘発するため、吸入時や器具のそばには**火気を近づけない**ようにする。また、喫煙しながらの酸素吸入も絶対に避ける。

体位ドレナージ

体位を変えて痰を出しやすくする方法
重力を利用し、痰がたまっている部位を下に向ける姿勢をとることで、痰をのどのほうへ移動させて出す。

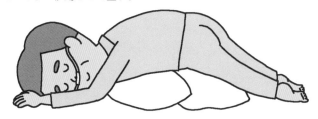

仰臥位の場合は、足や腰部にクッションなどを入れて少し高くし、側臥位や腹臥位に変えてみる。

タッピング

痰がからんでいる部位に振動を与えることで、気管、気管支、肺胞などの壁に付着した痰をはがし、体外に排出しやすくする方法（軽打法）

①利用者を片方の腕で支え、起座位から上体を前傾させる。

②もう片方の手の指をお椀のように丸くし、前胸部、側胸部、背部などを軽くリズミカルに刺激する。痰のからむ部位がわかるようなら、その部位を重点に行う。

（注：刺激が強いと肺の細胞が傷ついたり、胸部や背中の骨に異常が生じることがあるので、実施する際には事前に医師の指示を仰ぐ）

❀ 肺炎・誤嚥性肺炎

◈ 主な原因と症状

● 肺炎は、肺の中に病原体が侵入して炎症を起こす疾患。風邪を引いた後に発病することが多く、加齢や疲労、体力の減少などによる**免疫力の低下**が原因となりやすい。

● 誤嚥性肺炎は、**飲み込む力が低下**することで気管や肺に唾液や食べものが誤って入り、細菌が繁殖して起こる。

● 発熱、せき、喀痰、胸痛、呼吸困難などが生じる。

◈ 主な治療法と予防

● 鎮咳薬、去痰薬のほか、抗菌薬を服用して体内の病原体を死滅させる。酸素吸入、栄養剤などの点滴も行う。

● 食事の際には、誤嚥予防のために**前かがみの起座位**をとる。

● 食前食後の**口腔ケア**によって菌感染を予防する。

◈ 介護ポイント

● 高齢者が肺炎にかかると、重篤な状態を招くおそれがあるため、ワクチンの**予防接種**や**手洗い**、**うがい**などをすすめる。

● 発熱による**脱水**が心配されるため、栄養分と同様に水分を十分に補給してもらい、免疫力を高めてもらう。

● 高齢者の場合、誤嚥による肺炎も起きやすいため、**飲み込みやすい調理の工夫**や**嚥下体操**の方法などをアドバイスし、日常的に誤嚥を防ぐための訓練を習慣づけてもらう。

! こんなことに注意!

・高齢や認知症により症状を伝えられなかったり、あるいは自覚症状がみられない方がいるので、**微熱がある**、**元気がない**、**ぼんやりとした表情**などがみられたら肺炎を疑い、すぐに医療機関の受診を。

 肺結核

◈ 主な原因と症状

- 結核を発病した人のくしゃみやせきが、空気や飛沫によって肺の中に侵入し炎症を起こす疾患。**免疫力や抵抗力が低下**していると発症しやすくなる。
- 発熱、発汗、喀痰、体重の減少、倦怠感、重篤化すると喀血、血痰、胸痛、呼吸困難などが生じる。

◈ 主な治療法と予防

- 抗結核薬を服用し、隔離された室内で安静にする。また、治療を途中で中止しないように、「直接監視下短期化学療法（*DOTS）」による適切な管理治療を受ける。
- **高栄養の食事**と**十分な静養**を行い、免疫力や抵抗力を養う。
- 人の多い場所や密室では、**微粒子を防ぐマスク**を着用する。
  * 「Directly Observed Treatment Short-course」の略

◈ 介護ポイント

- 肺結核は**早期発見**が感染の拡大を防ぐ有効な手段となるので、日ごろから利用者の健康観察に努め、**微熱**、**食欲不振**、**体重の減少**、**元気がない**などの異常がないかをよく確かめる。
- 感染症や緊急の際の**対策マニュアル**を事業所で定め、万一の場合に対処すべき内容をスタッフ全員が把握しておく。

！ こんなことに注意！

・結核は法定伝染病であり、人から人へ伝染する危険性が高いため、免疫力の衰えた高齢者のいる家庭や介護施設などでは感染の拡大が心配される。そのため、感染が疑われるようなら直ちに**医療機関を受診してもらい、保健所に届けを出す。**

肝炎  薬剤については P54

主な原因と症状

- 肝臓が炎症を起こし細胞が壊される疾患。ウイルス、アルコール、薬剤、アレルギー、自己免疫異常などが原因とされる。ウイルス性には主に**A～G型**（P187参照）があり、経口や血液を媒介にして感染しやすい。
- **肝炎の症状**（P187参照）は、**発熱、黄だん、食欲不振、関節痛**などが生じるが、重篤化すると肝硬変や死亡率の高い**劇症肝炎**にかかるケースもある。

主な治療法と予防

- 抗ウイルス薬やインターフェロン治療などを行う。
- 免疫力が衰えるため、人混みでは**マスク**や**手袋**を着用する。

介護ポイント

- 急性の場合は倦怠感、食欲不振、黄だんなどがあらわれるため、体力を低下させないように支援する。ただし、慢性の場合は顕著な症状がみられにくいことがあるため、**定期的に血液検査や健康診断**などを行ってもらい、予防に努める。
- 食欲不振から低栄養になりやすいので、**バランスがよく高栄養価の食事**を心がける。貝類などは生食を控え、よく加熱してから提供する。**飲酒、喫煙**は控えてもらう。

⚠ **こんなことに注意！**

・ウイルス性肝炎の場合、分泌物や排泄物の処理の際には必ず**使い捨てのゴム手袋**と**マスク、エプロン**などを着用し、直接触れないように注意する。

肝炎の種類と主な対処法

種　類	感　染　原　因
ウイルス性	各種ウイルス（A型・B型・C型・D型・E型・G型）による経口や血液、体液からの感染
劇症性（重症型）	ウイルスや薬物アレルギーなど
自己免疫性	免疫異常
慢性	急性肝炎から移行し長引く
薬剤性	服薬の成分やアレルゲンが原因となり肝障害が起こる
アルコール性	過度な飲酒
症　状	発熱　黄だん　食欲不振　関節痛　鼻血や歯肉の出血　手のひらの紅斑　爪の白色化　皮膚の色素沈着　黄色腫　クモ状血管腫　など
対　処　法	● 直接、体や粘膜に接触する食器類、歯ブラシ、カミソリ、痰吸引器ほか、唾液や血液などの分泌物が付着しやすいものは共有しない ● 分泌物を処理する場合は、必ずゴムやプラスチック製の手袋とマスクを着用し、塩素系消毒剤の水溶液で払拭・洗浄する ● 汚れた衣類は塩素系消毒剤の水溶液につけてから洗濯し、高温乾燥で滅菌する ● 小さな傷や出血も見逃さず、手当てを行う場合は必ず手袋とマスクを着用する ● 免疫力が低下しているため、生食（刺身、生肉、生野菜、とろろ芋、チーズなど）はできるだけ控えるか加熱調理する ● 感染症対策マニュアルを定め、スタッフ間で把握しておく

❀ 消化性潰瘍
（胃潰瘍・十二指腸潰瘍）

🔖 薬剤については P59

◈ 主な原因と症状

◉ 胃や十二指腸の粘膜が消化液や**胃酸の過剰分泌**により侵され、炎症から潰瘍が生じる疾患。原因は、胃酸過多、**刺激物の大量摂取**、**過度な喫煙や飲酒**、**ピロリ菌の感染**、薬剤、ストレスなどがある。寝たきりの場合、逆流性食道炎も好発。

◉ 痛み、膨満感、むかつき、嘔吐、出血などが生じる。

◈ 主な治療法と予防

◉ 胃酸の分泌を中和させる制酸薬や抑制薬、健胃薬のほか、潰瘍部の粘膜をガードして正常に形成する保護薬などで治療する。また、ピロリ菌に感染していれば除菌薬で除去する。

◉ **規則正しい食生活**を行い、**刺激物や嗜好品**の過剰摂取は控える。

◈ 介護ポイント

◉ ストレスを緩和させるため、安静を保ち、疲れた体や精神を休められるように配慮する。

◉ 胃酸の分泌が活発になりすぎないように、水の飲みすぎに注意し、**水分摂取量をきちんと記録**する。

◉ **消化のよい食事**のほか、**乳酸菌飲料**や**ヨーグルト**などを取り入れる。

◉ 再発予防に、**香辛料**や**冷たい飲料**（特に**炭酸飲料**）は控える。

⚠ こんなことに注意！

・胃潰瘍や十二指腸潰瘍は再発しやすく、悪化すると吐血やタール状便の排泄がみられる。介護者は排泄物の状態や様子を毎日観察し記録しておく。風邪などで鎮痛薬を服用する際には、**胃腸への副作用**などについて確認する。

大腸炎
<small>だい ちょう えん</small>

◈ 主な原因と症状

- **大腸に炎症が起こる**疾患。風邪、寄生虫、細菌、ウイルスなどが大腸に侵入して起こる食中毒のほか、**アレルギー**や**ストレス**なども原因とされる。
- 発熱、腹痛、下痢を生じ、粘液便や血便が出ることもある。また、嘔吐や貧血、下痢による脱水、体重減少も起きやすい。

◈ 主な治療法と予防

- 整腸剤の服薬、**脱水を防ぐための点滴**などを行う。食物アレルギーが原因の場合は、食事療法の指導を仰ぐ。
- 高齢者の場合、下痢などの症状がひどく生じることにより**脱水**に陥りやすいため、白湯や人肌程度に温めた麦茶、補水液（P181参照）などで水分を頻回に補給する。

◈ 介護ポイント

- 大腸炎の特徴として**下痢が著しく**起こり、それに伴い**貧血**や**脱水**の危険も生じるため、**必ず水分補給（冷水は避ける）**も同時に行い、安静を保ち、ストレスを取り除く環境を考える。
- **ウイルスや細菌が原因の場合**は、**食品や調理用具の適切な洗浄、加熱、消費期限の確認、念入りな手洗い**を怠らない。
- **高たんぱく高カロリーの食事**を提供する。ただし、胃腸に負担をかけやすい**刺激物や繊維質の多い食品は避ける**。

！ こんなことに注意！

・ウイルスや細菌性による場合、**止痢薬（止瀉薬・下痢止め）を投与すると**ウイルスや細菌が体内にたまり、**かえって症状を長引かせる**こともあるとされるので、**止痢薬は介護者の判断ですすめない**こと。

 便秘 薬剤についてはP65

◆ 主な原因と症状

- **数日以上排便がない**、あるいは**毎日排便しても残便感があるなど排便が困難な状態。便秘には各種タイプ**（P191参照）があり、蠕動運動や腹圧の低下、食生活の乱れ、水分摂取不足、ストレス、降圧薬や利尿薬の副作用、腸閉塞、胃腸疾患などが原因ともされる。
- 腹部膨満、食欲不振、イライラ、不眠などが生じる。

◆ 主な治療法と予防

- 市販の下剤を使用している場合は、お薬が適正かを医師に相談し、腸に負担をかけたり耐性ができやすい**下剤の乱用は止める**。
- **規則正しい食生活と睡眠**を心がける。**排便を促す腹圧体操**（P191参照）や、蠕動運動を促す**ウォーキング**などを行う。

◆ 介護ポイント

- **お薬を飲む際**には**水分を十分に摂ってもらう**。また、胃腸に負担をかけすぎない程度に、**ワカメや昆布、イモ、筍、加熱した野菜など食物繊維の多い食事**を提供する。
- **入浴時**などに、「**の**」**の字を書くように腹部をさする**。
- **自立排泄ができる場合**は、**床にしっかりと両足裏をつけて便器に座り、腹圧がかかるように前かがみの排便姿勢**を促す。

⚠ **こんなことに注意!**

・寝たきりなどでは腹圧がかかりにくく排泄を困難にするため、介護者は**おむつをはずす努力やまめな体位変換および移乗を試みる**。

便秘の種類と改善策

種類	原因	改善策
弛緩性便秘	● 腹圧の低下や腹部の筋力の低下 ● 食事を摂らない ● 体を動かさない	● 不溶性食物繊維や脂肪分の多い食品の摂取 ● 善玉菌を増やす食品の摂取 ● 冷たい水、牛乳、ヨーグルト、果物、糖類など
直腸性便秘	● 便意の我慢による腸の運動の低下 ● 便秘薬や浣腸による強い刺激（かえって便秘が悪化するため）	● 毎日、朝食を食べる ● 食物繊維食品の摂取 ● 毎日の排便の習慣づけ
けいれん性便秘	● ストレスや睡眠不足など（排便しても少量や、硬くコロコロした水分のない便） ● 不溶性食物繊維の食品やガスを発生しやすい食品（ゴボウ、タマネギ、こんにゃく、セロリなど）の摂取 ● 脂肪分の多い食品（肉の脂身、内臓物、トロなど） ● カフェインや香辛料などの刺激物の摂りすぎ	● 水溶性食物繊維や粘液性の食品（ワカメ、そば、おくら、とろろ芋、春菊、ブロッコリー、切り干し大根、オートミール、モロヘイヤ、かぼちゃ、桃、キウイ、あんずなど）の摂取

排便を促す腹圧体操

ゴロン　ゴロン

① 仰臥位になり、両膝を両手で抱え腹部に引き寄せる。
② 両膝を腹部に引き寄せたまま、左右に上体をゆらす。これを１日20回ほど行う。
（注：膝や脊柱の疾患などがある場合は、医師に確認してから行うこと）

❀ 便失禁 　🌀薬剤についてはP71

◈ 主な原因と症状

- 何らかの原因で、**自分の意思に反して便がもれ出てしまう状態**。神経性のほか、膀胱炎、尿道炎、慢性腎不全、糖尿病、脳卒中、前立腺肥大、大腸炎、大腸ガン、認知症、過労、ストレスなどが原因で起こる場合もある。
- **便失禁には4つのタイプ**（P193参照）がある。

◈ 主な治療法と予防

- 肛門括約筋を締める電気刺激療法や薬物治療を行うとともに**排便日誌**を記録し、その量や回数、形状などを判断しながらトイレに行く時間などをコントロールする。
- **食事内容や水分量を見直したり、ストレスの緩和を図る。**

◈ 介護ポイント

- 食後や入浴前など**毎日決まった時間に便座に誘導**し、排泄する習慣をつけてもらう。
- 肛門の筋肉のゆるみが原因の場合があるので、**肛門括約筋を鍛える体操**（P193参照）を習慣的に行うようにしてもらう。
- **失禁の度合いや状態に応じて、下着や失禁パンツ、おむつの見直し、トイレ環境や排泄ケアを点検し直してみる。**

⚠ こんなことに注意!

・**認知症**の場合、トイレに行く判断ができなかったり、排泄する場所が認識できず失禁してしまうことがあるので、**トイレの場所を大きく表示したりトイレ誘導しやすい動線を見直す**など、認知症の方の気持ちになって考えてみる。

便失禁の種類と対処法

種　類	原　因	改善策
切迫性便失禁	便意を感じると、我慢ができずにもれ出てしまう	服薬治療や便意を我慢する訓練などを行う
腹圧性便失禁	加齢や疾患などにより肛門括約筋が衰える<ruby>衰<rt>おとろ</rt></ruby>えるため、腹圧がかかるともれ出てしまう	肛門括約筋を鍛え、肛門の筋肉のゆるみを解消する
溢流<ruby>溢流<rt>いつりゅう</rt></ruby>性便失禁	便秘などにより、腸に便がたまりすぎてもれ出てしまう	生活習慣を見直して便秘を改善することに努める
機能性便失禁	脳疾患や認知症などにより、排便の判断がつかなかったり排便がうまく行えずもれ出てしまう	行動障害の原因を探り、その原因を改善したり、トイレに誘導しやすい方法を考える

肛門括約筋を鍛える体操

①いすに座って両手を下ろす。足を肩幅に開き、両足裏を床にしっかりとつける。

②肛門に力を入れ、お尻を引き上げるような気持ちで肛門を引き締めたりゆるめたりする。これを1日20回ほど行う。

 糖尿病 <small>薬剤についてはP78</small>

主な原因と症状

- 体内の糖を分解するインスリンという物質が膵臓から分泌されにくくなったり、うまく細胞に作用しなくなって、血中のブドウ糖量が異常に増え高血糖状態となる疾患。主に2種類あり、**1型**はウイルス感染などが、**2型**は不規則な食生活や運動不足、肥満、加齢などが原因とされる。
- 血流不良、白内障、皮膚病、脳梗塞などが起きやすくなる。

主な治療法と予防

- インスリンの分泌量を増やすために、インスリン注射を打って改善する（*正常値：空腹時が**110mg/dℓ未満**、食事2時間後が**140mg/dℓ未満**を目安に）。
- **規則正しい食事**と**適度な運動や活動**をできる限り毎日実践し、糖尿病の大敵である**肥満を防ぐ**ようにする。

*日本糖尿病学会で定めている数値

介護ポイント

- 残薬がないか、適切な自己注射を行っているかを確認する。
- **野菜を中心にした献立**を提供する。調味料、特に**しょうゆやマヨネーズ、ソースなど**は料理に直接かけず、小皿などに入れて少しずつつけながら食べてもらう。
- 合併症に留意し、**定期的に眼圧や血液の検査**を受けてもらう。

⚠ こんなことに注意！

・糖尿病により**免疫力が低下するおそれ**があるため、**身体の保清**を心がける。また、**歯周病になりやすい**とされ、口腔機能が衰えるとQOLも低下し、経口摂取ができず生命維持にも影響するので、**口腔清掃には特に注力**する。

❀ 脂質異常症 <small>し しつ い じょう しょう</small> 🍬 薬剤についてはP84

◉ 主な原因と症状

- 血中のLDL（悪玉）コレステロールや中性脂肪が増えすぎる、あるいはHDL（善玉）コレステロールが少なくなる状態。血流が悪くなり、高血圧や動脈硬化を起こす。進行すると、**心疾患や脳梗塞の引き金となる。**
- **自分で気づく症状はほとんどない。**

◉ 主な治療法と予防

- **食事療法**を続けても改善されなければ、LDLコレステロールを減らしたり中性脂肪を抑制する**薬物療法**に入る。
- **食事の摂取エネルギー量や糖分の制限、禁煙、禁酒を行う。LDLコレステロール値（*140mg/dℓ未満を目安に）を抑える。**

*日本動脈硬化学会で定めている数値

◉ 介護ポイント

- 次のような**脂肪分や動物性たんぱく質の多い食品**は控える。
  ⇒バター、チーズ、マヨネーズ、イカ、エビ、ウニなど。
- **血中コレステロール値の降下を助ける水溶性食物繊維の食品**をすすめる。**⇒海藻類 <small>かい そう るい</small>、こんにゃく、オクラ、茸 <small>きのこ</small>、りんご**など。
- 喫煙はHDLコレステロールを減少させ、また、動脈硬化を生じやすくするため、介護者は禁煙できるような環境づくりや気分転換を促す方法を考えてみる。

⚠️ **こんなことに注意!**

・脂質異常症は、甲状腺機能低下症 <small>こうじょうせん</small> や糖尿病、あるいはお薬などの副作用で生じる可能性もあるため、ほかの病気も疑い、**利用者の日ごろの状態や体重の増減、特に血圧をチェックし、変化を見逃さないようにする。**

195

🍀 甲状腺機能障害

◈ 主な原因と症状

- **甲状腺ホルモン**が過剰に分泌される**機能亢進症**と、甲状腺ホルモンの分泌が不足してしまう**機能低下症**がある。
- 機能亢進症は、動悸や息切れ、発汗過多などが、機能低下症は、倦怠感、皮膚乾燥、冷え、体重の増加などが生じる。眼球が突出するバセドウ病は、機能亢進症である。

◈ 主な治療法と予防

- 甲状腺ホルモンの分泌抑制や代謝を促す薬剤で調整を図る。
- **機能亢進症の場合**は、甲状腺ホルモンの産生を高める**ヨウ素の多い食品の摂りすぎに注意**する。逆に**機能低下症**の場合には、**ヨウ素を補給する食品**を摂る。

◈ 介護ポイント

- 介護者は、**ヨウ素を多く含んだ食品**を把握しておく。⇒**昆布、わかめ、ひじきなどの海藻類**、いわし、さば、かつおなど。
- 機能亢進症の場合、風邪でのどを痛めても、**ヨウ素を含有したうがい薬での頻回なうがいは避ける**。
- 機能亢進症でも低下症でも、**人工油脂（マーガリン、ショートニングなど）**の摂取は控える。
- 症状の特徴でもある**気力の低下、動作緩慢、体温調節機能の異常、便秘、記憶力の低下やストレス**がないかを観察する。

⚠ こんなことに注意！

・体温調節がうまく機能せず、**発汗過多や冷え、低体温を併発する**ことがあるので、寒さや暑さなどの急激な温度変化を防ぐ。また、**急に太る、やせる、よく足がつる**といった症状がみられたら、この疾患を疑ってみる。

❀ 浮腫（むくみ）
<small>ふ　しゅ</small>

◈ 主な原因と症状

- 体内の水分や血流が滞り、顔や手足などがむくむ状態。**塩分や水分の過剰摂取**により一時的に生じることがあるが、腎臓、肝臓、心臓の疾患などが原因で起こることもあるので注意する。
- 顔がむくむ、手足を指で押すとへこみができて消えにくい、**体重の急激な増加**などが生じる。

◈ 主な治療法と予防

- 原因疾患によって治療法は異なるが、**塩分や水分の過剰摂取や血流の滞留**が原因であれば、利尿薬の服用や、足踏みやウォーキングなどの運動療法のほか、**塩分や水分の摂取制限**を行う。

◈ 介護ポイント

- 適度な**ウォーキング**や**足踏み体操**などで、全身運動を促す。
- 両足の浮腫の場合は、足下にクッションなどを入れて**足を少し高くして寝てもらう**。
- **長時間における車いすでの座位や長期臥床は四肢や背部に浮腫が生じやすい**ので、移乗や体位変換をまめに行う。
- 就寝時、**浮腫の生じている四肢を体の下側にすると圧迫されてより悪化する**ため、十分に気をつけて体位を変える。

⚠ こんなことに注意！

・浮腫が生じる部位によって原因疾患が異なるため、浮腫が続くようなら、どの部分にどの程度出ているかを**記録**し、医療機関への受診を促す。急激な体重の増加も浮腫の徴候と考えられるので、**体重の記録**も毎日とる。

❀ 冷え
（ひ）

◈ 主な原因と症状

● 全身の血流が悪く、手足の末端や腰部・腹部がつねに冷えている状態。**運動不足や自律神経の乱れ、体を冷やす生野菜や飲料水、喫煙、過剰な飲酒**などが原因とされる。また、甲状腺機能障害などホルモン調節機能の異常が原因とも考えられる。

● のぼせ、ほてり、しびれ、肩こり、腹痛、腰痛などが生じる。

◈ 主な治療法と予防

● 原因疾患から生じているようであれば、それを治療する。

● 予防としては、血流を促進させることが一番なので、**毎日の散歩や体操**、40度以下の湯にゆっくりと浸かって副交感神経をリラックスさせるなど、**体を温める生活**に改善する。

◈ 介護ポイント

● 末梢の血行を促すことが大切なため、**手足の指を動かしたり、かかとを上げ下げする**など軽い運動をすすめてみる。

● 入浴をしない日は、就寝前に**手・足浴**を行ったり、清拭では**手足の先端から心臓に向かってやさしく拭く**ようにする。

● 保温作用のあるショウガとはちみつを湯に溶かした**ショウガ茶**や、血流を促すビタミンを多く含む食材を食事に取り入れる。

⚠ こんなことに注意！

・冷えの症状をほうっておくと、**高血圧や動脈硬化、自律神経失調症、膠原病**などを誘発させる危険性があるため、内臓を冷やさないように生野菜は**温野菜**に調理し、血流を悪くする可能性のある**脂肪分の多い食事を控えてもらう**。

 高尿酸血症（痛風）

（こう にょう さん けっ しょう）（つう ふう）

薬剤については P89

主な原因と症状

- 血清尿酸値が**7.0mg/dℓを超える状態が持続**する疾患。**尿酸**が体の関節に沈着し、**関節痛**を起こす。尿酸は、食品に含まれる**プリン体**という物質が肝臓で分解されてつくられ、プリン体を摂取しすぎると尿酸が増え、高尿酸血症になりやすい。
- 関節痛、腎疾患、尿路結石などが生じる。

主な治療法と予防

- 尿をアルカリ性に変える、尿酸値を下げる、関節痛の発作を抑えるお薬などで改善していく。**飲酒**は控える。
- 尿濃度を薄めるために、1日2ℓ程度の水分を摂り、頻回の排尿を心がける。また、**プリン体の多い食品**の摂取は避ける。

介護ポイント

- 関節に痛みの症状がみられたら**冷湿布**をほどこし、患部を心臓より高く上げて安静にすること。
- 水分摂取を十分に行い、排尿を促す。定期的な尿酸値の測定を促したり、尿の色、排尿の回数、量などを記録する。
- 次のような**プリン体の多い食品**は控える。
  ⇒**レバー、まいわし・さんま・まあじの干物、大正エビ、カキ、ビール、干ししいたけ、納豆**など。

！ こんなことに注意！

・ストレスや発汗、**下痢による脱水から尿酸値が上がる**ことがある。尿酸値が上がると**脂質異常症、糖尿病、心疾患、脳血管障害**などに移行するリスクが高くなりやすいことを、介護者は留意しておく。

 腎不全

主な原因と症状

- 体内の**老廃物を排出する役目**をもつ腎臓の機能が低下した状態。急性と慢性がある。急性は、高血圧や糖尿病、尿路閉塞、膠原病などが原因となり、慢性では、長期にわたって、腎機能が徐々に低下する。
- 急性では、浮腫、倦怠感、食欲低下、乏尿、無尿などの症状が出る。慢性では、多尿、食欲低下、高血圧、貧血など。

主な治療法と予防

- 重度の場合は**透析療法**などを行う。また、原因疾患の治療も併行して進めていく。
- 急性では、一般的に、水分・塩分・カリウムの摂取制限、慢性では、低たんぱく・高カロリー食の摂取、カリウムの摂取制限、状態によって水分・塩分の摂取制限をする。
- 定期健診などによる腎不全や原因となる疾患の早期発見、早期治療が予防につながる。

介護ポイント

- **塩分摂取**は1日**3〜6g以下**を目安に。**体内排出されにくいカリウムやリンを多く含む食品**は控える。⇒**海藻類、納豆、さといも、味つけ海苔、チーズ、かまぼこ、ハム、ソーセージ**など。

! こんなことに注意 !

・**脱水**から急性腎不全を起こしやすいため、熱中症や発熱、嘔吐、下痢などがみられないか、顔色の変化（土気色）や倦怠感などがないかを確認する。また、**鎮痛薬は腎臓に負担**をかけるため、むやみに服用させない。

🍀 排尿障害 (頻尿・尿閉)
はい にょう しょう がい（ひんにょう・にょうへい）

🥄 薬剤に
ついてはP122

◈ 主な原因と症状

◉ 何らかの原因で排尿に問題が生じている状態。神経性によるほか、膀胱炎、尿道炎、慢性腎不全、糖尿病、脳卒中、前立腺肥大など、各種原因疾患から起こることも多い。

◉ 頻回な排尿 (**頻尿**)、尿が出きらない感じ (**残尿感**)、尿がもれる (**尿失禁**)、尿が出ない (**尿閉**)、排尿痛などが生じる。

◈ 主な治療法と予防

◉ 原因となる疾患の治療を速やかに行う。

◉ 排尿障害の程度によっては、自己導尿を行ったり、膀胱カテーテルの留置が必要になる場合もある。

◉ 尿を膀胱にためすぎると細菌が増えやすく排尿障害の要因となりやすいため、尿意を我慢しない。腹圧性尿失禁の場合は、尿道を締める体操 (骨盤底筋体操) も行ってみる。

◈ 介護ポイント

◉ 陰部の清潔を保つ。また、おむつを使用している方の場合は、おむつが尿意を抑制していないか、あるいはおむつの種類が合っているかなど、**排泄ケア**や**排泄環境**を見直してみる。

◉ 頻尿になると夜間に眠れず、昼夜逆転やせん妄などを起こすことがあるため、**昼間は活発に活動してもらう**工夫をする。

⚠ こんなことに注意!

・1日の排尿量が400mℓ以下であれば乏尿を、また、異常な多飲、多尿も排尿障害が疑われるため、介護者は**排尿日誌**を作成し、排尿時の様子や量、色、回数、時間帯をこまかくチェックし、変化を見逃さないこと。

✿ 尿路感染症

◈ 主な原因と症状

- 腎臓や尿道、膀胱などに病原体が侵入感染し、炎症を起こす疾患。**抵抗力が衰えた高齢者**に多くみられる。
- 尿意の我慢や、膀胱に残尿がある、あるいは身体の不衛生のほか、尿道や膀胱に留置した**カテーテル**が原因でもなりやすい。
- 発熱、排尿痛、嘔吐、腰痛などが生じる。

◈ 主な治療法と予防

- 尿路内の細菌を防ぐ抗菌薬を服用する。また、脱水を防ぐために水分摂取や点滴などを行い、排尿を十分に促す。
- 病原体の侵入を防ぐために、**身体の清潔保持**を心がける。
- 十分な食事と睡眠、安静を図り、抵抗力を高める。

◈ 介護ポイント

- 尿意を我慢させないようにする。そのためには、スムーズな排尿が行えるように**住環境内の動線や排泄ケア**を見直す。
- 残尿をためず尿量を増やすために、**水分**を十分に提供する。
- 病原体の侵入を防ぐためにも**おむつは極力避け**、排泄ケアや清拭時には、**陰部から肛門に向かって拭く**ようにする。
- 寝たきりの方にもできるだけ**入浴**を行う。入浴が無理なときでも、**陰部の清拭は毎日**欠かさないようにする。

⚠ **こんなことに注意!**

・膀胱留置カテーテルや、陰部の衛生が保たれていない場合になりやすい疾患である。また、残尿から膀胱内で菌が繁殖しやすいため、**カテーテルや身体の保清**に努め、排尿時に**残尿感がないかを確認**してみる。

❀ 骨粗しょう症  薬剤についてはP92

◈ 主な原因と症状

- 骨をつくるカルシウムの吸収が衰え、骨密度が低下してしまう疾患。**多くは加齢が原因**だが、**閉経、甲状腺機能障害、関節リウマチ、お薬の副作用**などが原因でも起こる。
- **骨がもろくなる**ため、簡単に骨が曲がる、骨折する、背中や腰部などに痛みが生じやすくなる。

◈ 主な治療法と予防

- 原因疾患の治療のほか、カルシウム薬や、カルシウムの吸収を助ける活性型ビタミンD_3製剤、女性ホルモンを補うエストロゲン製剤などを用いた治療を行う。
- **偏食を改善**し、**飲酒、喫煙**を控える。適度な運動をする。定期的に**骨量測定**を受ける。転倒にくれぐれも気をつける。

◈ 介護ポイント

- **毎日の食事によるカルシウム摂取**をこころがける。⇒**牛乳、小松菜、海藻、小魚**など。カルシウムの吸収を高める**ビタミンDの多い食材**と調理する。⇒**ウナギ、カレイ、干ししいたけ**など。
- 特に骨量を増やし、骨折を予防するイソフラボンを多く含む**大豆製品**を意識して献立に取り入れるようにする。
- 体内のビタミンDを生成するために、寝たきりの方でも毎日適度な**日光浴**を行えるように支援する。

⚠ こんなことに注意！

・骨粗しょう症にかかると、特に**手首、胸椎、腰椎、大腿骨頸部**などが折れやすくなるため、車いすを使用されている方や寝たきりの方の**移乗や清拭、おむつ交換、体位変換の際には十分に注意**を払う。

❀ 関節リウマチ

🔗 薬剤についてはP97

◆ 主な原因と症状

- 何らかの**自己免疫異常**を起こしたリンパ球が、血液中を流れて全身の関節に伝わり炎症を起こす疾患。同じく免疫異常から起こる**膠原病の一種**とされる。また、難病の一つでもある。
- 発熱、倦怠感、目・口・皮膚の乾燥、さらに進行すると関節痛や指の強直、変形、腫れ、しびれなども生じる。

◆ 主な治療法と予防

- 関節の炎症や関節破壊の進行を抑制する抗炎症薬や、リンパ球の活性化を抑える抗リウマチ薬で改善していく。
- 免疫力を高めるために**規則正しい食生活**を行い、感染症や冷え、**疲労やストレスを防ぐ**。

◆ 介護ポイント

- 関節リウマチをほうっておくと拘縮を招くため、**無理のない程度に関節を伸ばす訓練**を促す。両手の指を3〜5秒間ギュッと握ったり、パッと強く開く**リウマチ体操**などを行ってもらう。
- 血流をよくするために、**湯船に浸かる**ようにしてもらう。
- **頸椎、肩、肘、手指、膝、足首、足指**など関節リウマチが出やすい部位を把握しておき、着替えや入浴、体位変換時には、生じやすい部位に変化がないかを観察する。
- 各種の自助具があるので、適切なものを利用してもらう。

⚠ **こんなことに注意！**

・**手指のこわばりや痛み**がみられたら関節リウマチを疑い、速やかに医療機関へ受診の手配を。

✿ 変形性膝関節症
（へん　けい　せい　しつ　かん　せつ　しょう）

◈ 主な原因と症状

- 骨同士のクッションの役割をする**膝関節の中の軟骨がすり減り、関節同士がぶつかって炎症や痛みを起こす**疾患。加齢や筋力の低下、肥満などから生じやすい。
- 腫れや痛み、正座やあぐら、膝の曲げ伸ばしなどに苦痛が伴う。進行すると膝が伸びきらなくなり、骨が変形する。

◈ 主な治療法と予防

- **すり減った軟骨は修復できない**ため、消炎鎮痛薬などで症状を緩和させる。
- **無理のない範囲で筋力をつける運動**を行ったり、**肥満を改善**して関節の負担を少しでも軽減させる。

◈ 介護ポイント

- **カルシウムや運動の不足、肥満**などから生じる疾患のため、それらを改善するようなケアプランなどを提案してみる。
- 関節に負担を強いないように、**正座、頻回な立ちしゃがみ、階段の昇降は避けてもらう**。また、歩行時には膝を伸ばしたり、かかとから着地しないように、**歩行アドバイス**を行う。
- ふらつきや転倒、つまずきが心配されるため、**体を支える位置に配慮**する。

⚠ こんなことに注意!

・痛みを緩和させようと、湯船に浸かって**患部を温めたりマッサージをしたりすると、かえって痛みが増して悪化することがある**。痛みがあるときは、熱感や炎症が考えられるため、入浴や温罨法などは避け、必ず医師に相談してもらう。

腰部脊柱管狭窄症

主な原因と症状

- 腰部の脊柱管が狭くなり、中の**神経が圧迫**（P207参照）されて足や腰の痛みやしびれを起こす疾患。**ほとんどは加齢によるところ**が大きい。足の痛みやしびれが起きても、**少し休むとまた歩ける（間欠性跛行）**のが特徴。
- 足や腰の痛みやしびれ、脱力感といった症状が出る。また、尿意や便意が我慢できないなどの**排泄障害**も生じやすくなる。

主な治療法と予防

- 炎症を抑える消炎鎮痛薬や、血管を広げる循環障害改善薬などで改善を図る。
- **治癒はできない**が筋力を鍛えるためにも、**無理のない範囲で散歩などを日課**にする。

介護ポイント

- 無理に姿勢を伸ばすと神経を圧迫し痛みを伴うため、介護者は**軽い前かがみの姿勢**を促し、歩行をしっかりサポートする。
- 腰をひねる、長時間の歩行や同じ姿勢の保持、重い物を持ち上げるといった動作は控えてもらう。また、**腰を反らせるような姿勢は症状を悪くさせる**ため注意する。
- 使用している**杖などが本人に合っているか**、不具合はないかなど、**自助具を定期的に点検**（P207参照）する。

！こんなことに注意！

・転倒から寝たきりや歩行障害となり、その結果、QOLが低下して認知症を誘発することがあるので、**転倒を防ぐ靴選びや住まいの動線**には特に配慮を。また、歩行介助の際には、**サポートする位置**に気を配る。

脊柱管狭窄症の状態

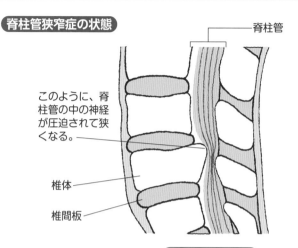

脊柱管

このように、脊柱管の中の神経が圧迫されて狭くなる。

椎体

椎間板

使用している杖をチェック！

● **グリップのサイズ**
握りやすく、すべりにくい材質か？
足より前方に杖がつきやすいように、小指側のほうが少し高くなって持ちやすい形のものがよい。

● **柄**
曲がりはないか？
身体の変化に応じて長さ調整ができるものがよい。

● **杖の長さ**
姿勢と合っているか？
前かがみになる場合は、その姿勢を考慮して杖の長さを決める。
前傾姿勢の高齢者の場合＝
（身長÷2）＋3cm程度が適正
（例：身長150cmなら78cm程度の長さの杖がよいが、使う方の希望や状態を考慮しながら決める）

● **先端のゴム**
すり減っていないか？
すり減っているとすべりやすくなるため、替えのゴムも用意しておくこと。

 腰痛

◈ 主な原因と症状

● 腰部に生じる痛みや炎症。過度な動作や腰部の筋肉疲労、肥満、不適切な立位、座位、歩行、腰部脊柱管狭窄症などのほか、消化性潰瘍、腎疾患などが原因となることもある。

● 痛みとともに腫れやこりを伴い、ひどくなると立ち上がれなかったり、動くことができなくなる場合もある。

◈ 主な治療法と予防

● 原因疾患があれば、それを優先に治療を行う。

● **腰部の筋肉をほぐす体操**や、**血行を促すマッサージ**を行う。

● さまざまな動作を行う際には、**腰部に負担をかけないように**し、**中腰の姿勢は避ける**。

◈ 介護ポイント

● **同じ姿勢を長時間続けることは避け、腰に負担をかける正座やあぐらは控えてもらう。**

● 無理のない範囲で腰をまわす体操や、仰臥位から膝を両手で持って腹につける**腰痛体操**などを教える。

● 腰痛をかばって**前かがみの姿勢になりやすく、そのため視野が狭まり転倒やつまずきを起こす危険がある**ため、歩行時のリスクマネジメントをつねに考慮しながら安定保持に努める。

！ こんなことに注意！

・**寝具の硬さが合っていない、へこみがある、車いすの背面や座面がたるんでいる**などの要因から腰痛をさらに悪化させることがあるため、利用者が日常使用している**生活用具や自助具の点検**を定期的に行うようにする。

❀ 打撲・ねんざ・骨折

主な原因と症状

- 打撲は、傷口を伴わない軟部組織の損傷。内出血が生じる。ねんざ・骨折は、骨に関節可動域を超えた外的な力が加わって生じる外傷。ともに腫れ、痛みが生じる。
- 重篤な骨折で大量に出血した場合には、貧血や呼吸困難、動悸、意識障害などが起こることもある。

主な治療法と予防

- 患部を冷湿布などで冷やす。骨折の場合、**出血**したら止血し、**布などで固定して心臓より高い位置**に上げて安静を保つ。
- 転倒やつまずき、歩行や立位の際には注意する。

介護ポイント

- **冷湿布**や**保冷剤**を用いて患部を冷やし、腫脹の軽減に努める。
- 骨折の部位は、できれば**副え木**やダンボールなどで固定し湾曲を防ぐ。
- 患部が手や足の場合は枕やクッションにのせて、**心臓よりも高く上げて**もらうが、頭部のケガや足の骨折を固定していない場合は、通常の仰臥位にする。
- 高齢者は、打撲や骨折のショックや入院から**QOL が低下**したり、**認知症の引き金**になることがあるため、ふだんから住まいの**家具や生活用具の配置が安全かをチェック**しておく。

⚠ **こんなことに注意！** ....

・**寝たきり**の方や**関節拘縮**のある方は関節の動きが悪く、特に股関節が硬くなるため、ちょっとした動作でも**ねんざや骨折が起きやすい**。**おむつ交換や体位変換などの介助は慎重**に行い、関節の可動域を把握しておく。

❀ 皮膚掻痒症
（ひ・ふ・そう・よう・しょう）

◈ 主な原因と症状

◉ 皮膚の表面が乾燥したりかゆくなる疾患。全身性と、外陰部など
に出る限局性とがある。加齢などにより**皮膚の水分や潤いが減少
するため起こりやすくなる**。また、**糖尿病や肝臓、血液などの疾
患、お薬の副作用、ストレス**などが原因でも起こる。

◉ 皮膚をかきむしると傷が残りやすく、余計に炎症を生じる。

◈ 主な治療法と予防

◉ 原因疾患があれば、それを治療し改善する。

◉ **加齢によるもの**であれば、皮膚を強く刺激するようなことはできる
だけ避け、**皮膚の表面をつねに保護し保湿**しておく。

◉ 体の中から潤（うるお）うように、**水分摂取**も十分に行う。

◈ 介護ポイント

◉ 入浴時には、皮膚の角質を削り落としやすいナイロンタオルは避
け、**綿素材のソフトなタオルやスポンジでやさしく洗う**。

◉ 弱アルカリ性など刺激の強い洗浄剤の使用は控え、皮膚の表面の
水分量に近い**弱酸性や保湿成分のある洗浄剤**を使用する。清拭（せいしき）の
際も同様に行う。

◉ 身体の保清後は**乳液などで保湿、保潤**を行い、皮膚の表面が乾
燥していないか、**観察**する。

⚠ こんなことに注意！

・患部をかきすぎて炎症を起こすと細菌が入りやすくなるため注意する。**下着や衣類**は
静電気が起きやすい化学繊維（せんい）ではなく**綿素材を使用**し、**体内の水分を奪いやすい電気
毛布などの温度**には注意する。

# 疥癬 （かい せん）

🐍 薬剤についてはP137

◈ 主な原因と症状

- ダニの一種である**ヒゼンダニ**が皮膚に寄生し、皮膚障害を起こす疾患。抵抗力が衰えている場合には、**「角化型疥癬（ノルウェー疥癬)」**とよばれる重症型に移行することがある。**角化型疥癬の場合は、畳や寝具などを介して感染することがある。**
- 手指、腹部、腋窩、外陰部などに赤い発疹やかゆみを生じる。角化型疥癬では、かゆみが出ないこともある。

◈ 主な治療法と予防

- 鎮痒薬である抗ヒスタミン薬や抗アレルギー薬を服用する。
- **感染力の強い角化型疥癬の場合、部屋やトイレなどの使用は感染者と分け、感染者の入浴は最後**にする。

◈ 介護ポイント

- **下着や衣類は毎日着替えてもらう。**他人の衣類や寝具と交換して使用しないようにしてもらう。
- 角化型疥癬の感染者の更衣介助や寝具交換の際、介護者は必ず**マスク、ゴム手袋、ビニール製のエプロン**などを着用する。
- 角化型疥癬の場合は、汚れた衣類や寝具類に付着した疥癬が飛散しないように袋に密閉して運び、**50度以上の湯に10分ほどつけてから洗濯**する。乾燥は、**高温の乾燥機やアイロンがけ**などで処理するとより安全である。

！ こんなことに注意！

・更衣介助や体位変換、入浴、清拭の際には、手指、手首、頸、腋、鼠径部、大腿部、陰部などに**赤い発疹がないかを確かめる。**特に、見落としやすい**手指の間や外陰部**には**念入りに薬剤を塗布し、よく乾燥させる。**

 帯状疱疹（たいじょうほうしん）

🔖 薬剤についてはP134

◈ 主な原因と症状

- **水痘帯状疱疹ウイルスの侵入**により、体の神経を伝わって赤い発疹や水疱があらわれる疾患。「**ヘルペス**」ともよばれ、幼少期にかかる水疱瘡と似ている。**疲労**や**睡眠不足**、**強いストレス**のほか、**抵抗力や免疫力の低下**なども原因とされる。
- 体の片側の**神経**に沿って帯状の疱疹が出る。**強い痛み**を生じる。

◈ 主な治療法と予防

- 抗ウイルス薬でウイルスの活動を抑えると同時に、抗炎症薬や神経障害疼痛治療薬を様子を見ながら処方する。
- 精神的・肉体的ストレスをためないようにする。

◈ 介護ポイント

- 免疫力を高めるために、介護者は**規則正しい食生活**を促し、**ストレスを発散できる方法**を一緒に考える。
- **患部を冷やさない**ようにし、入浴や清拭などで**毎日清潔を保ち、静養に努める。**
- 下着や着衣が患部と摩擦を起こして痛みが増すことがあるため、**着衣や寝装具には刺激の少ないやわらかな素材**を用いる。

⚠ こんなことに注意!

・**目や咽頭部**に生じると、**視力障害や嚥下障害の後遺症**が出ることがある。そのため、**早期発見と治療**が重要となるので、前徴となる**皮膚の痛み**や**赤い腫れ**などがあらわれたら、すぐに**皮膚科を受診**するように手配する。

✿ 熱傷（やけど）・切り傷

◈ 主な原因と症状

- 熱傷は、熱や薬品などの接触により生じる皮膚の損傷。熱湯や蒸気、火気、薬品、放射能などが原因で起こる。
- 切り傷は、皮膚の表皮が切り裂かれた状態のこと。
- 度合いにもよるが、どちらも皮膚の炎症や出血を伴い、重篤な場合は細菌感染や化膿を起こすこともある。

◈ 主な治療法と予防

- すぐに**患部を水洗いして清潔に**する。**熱傷の場合はよく冷やすこ**と。切り傷の場合は止血し、消毒を行い減菌ガーゼなどで保護する。

◈ 介護ポイント

- 重篤な熱傷や大量の出血を伴う切り傷の場合、血圧が急激に低下してショック状態に陥ることがあるため、**患部は冷やし、体は保温**しながら足を上げるショック体位をとらせ、速やかに救急搬送の手配を行う。
- **歩行がおぼつかない**、あるいは**認知症などの症状がある**場合には、台所の**コンロ**や**ストーブ**、また、**包丁**や**はさみ**など、熱傷や切り傷の原因となりそうな器具や場所へは接近させないように気をつける。

！ こんなことに注意！

・冬場は**低温熱傷**が発生しやすいので、**カイロ**は**下着や衣類の上から**あててもらい、**湯たんぽ**は**45〜60度**の湯温に設定を。**電気こたつ**や**電気カーペット**、**電気毛布**は、**温まったら電源をすぐに切る**ように促す。

✿ アルツハイマー病
（アルツハイマー型認知症）🐝 薬剤についてはP106

◈ 主な原因と症状

● 脳の神経細胞に異常なたんぱく質がたまり神経細胞が破壊され、脳の萎縮が起こって脳機能が低下する疾患。アルツハイマー病は、**認知症の半分以上を占めるとされる。**

● 人の名前や日時、時間の経過、ふだんの生活全般の動作などがわからなくなるといった認知機能障害が生じる。

◈ 主な治療法と予防

● 進行を遅らせるアルツハイマー型認知症治療薬などを服薬し続けながら、できるだけ従来の生活を維持する。

● **軽い散歩や運動、楽器演奏、新聞や小説を声に出して読む、旅行やガーデニング**など自然に触れることで心を落ち着かせる。

◈ 介護ポイント

● 抑うつ症状や情緒不安、不穏になりやすいため、まめなコミュニケーションを図る。また、家事や趣味などできることを見極めてお願いし、**役割を得ることで充実感を取り戻してもらう。**

● 過去の記憶と混同することが多いが、**否定せず受容する。**

● 環境の変化は症状を悪くする大きな要因となるため、**生活用具の配置は固定し、生活サイクルを一定に保って安心感を得てもらえるようにする。**

! こんなことに注意 !

・認知症は、加齢などによる物忘れとは異なることを理解しておく。P215のような症状が身近な高齢者の言動にみられたら、速やかに医療機関での受診を。周囲の早い気づきと受診が、認知症の早期治療につながる。

認知症が疑われる主な症状の例

大切な物を置いた場所やしまった場所がわからなくなる。（どこかに置いたことやしまったことも覚えていないなど）
現在の季節、日付、曜日、時刻などがわからなくなる。
家族や身近な人の名前を間違えたり覚えていない。
いま食事をしたことや、さきほど会った人のことを覚えていない。
病院で受診していることや、お薬を飲んでいることを覚えていない。
繰り返し同じことを言ったり尋ねたりする。
計算やお金の勘定ができなくなる。
いま居る場所がどこなのかがわからなくなる。
行き先や帰り道、自宅の住所や電話番号がわからなくなる。
昔の記憶と現在の記憶とが混在してしまう。
物事を順序立てて考えたり進めることができなくなる。（料理をつくるために野菜を洗う→包丁で切る→鍋に水と野菜を入れる→コンロの火を点ける、といった一連の手順が実行できないなど）
用具の使い方や目的がわからなくなる。（洋服の着方やお箸の使い方がわからないなど）
相手からの質問や会話の意味が理解できなくなる。
言葉が出にくくなったり、会話がしにくくなる。
書いてあることがわからなくなったり、文字が書けなくなる。
趣味や好きなことに関心を示さなくなる。
表情が乏しくなり、意欲が失せている。
外出や人に会うのを避け、閉じこもるようになる。
怒りっぽくなったり暴力をふるうようになる。
幻視や幻聴などを訴えるようになる。
夕方になると落ち着きがなくなり、外へ出て歩きまわりたがる。

上記以外にも、いままでできていたことができなくなっていないか、介護者はつねに観察し注視する。

脳血管障害 <small>（のう けっ かん しょう がい）</small> 🔖 薬剤についてはP100

◆ 主な原因と症状

- **脳の血管が破れたり詰まったり**といった異常や障害が起こり、脳の機能に損傷を起こす疾患。**脳卒中**ともよばれる。代表的なものとして、**脳梗塞、脳出血、くも膜下出血**などがある。
- 突然、**手足のしびれ、激しい頭痛、ろれつが回らない**などの症状がみられ、数分から数時間で症状が進む。

◆ 主な治療法と予防

- 詰まった血管の再開や出血部の除去手術のほか、再発予防のために、抗血栓薬や脳循環改善薬などの服薬を続ける。
- 脳血管障害の要因となりやすい**高血圧**や糖尿病、**脂質異常症**などの疾患もあわせて予防する。

◆ 介護ポイント

- 疾患の特性として抑うつ状態に陥りやすいので、コミュニケーションの際には努めて**傾聴、共感**を示し、理解しようとする姿勢を見せて**信頼感を構築**していく。
- 脳の障害はあっても**人格は以前とあまり変化しにくい**ため、できそうなことややってみたいことを引き出すように努める。
- 抑うつ状態から**食欲不振**になる方がいるので、食欲をわかせる工夫をし、積極的なリハビリをすすめる。

⚠ こんなことに注意！

・脱水が大敵の疾患でもあるため、水分摂取を十分に促す。抗凝固薬などにより**血液が凝固しにくくなる**ため、転倒やつまずき、切り傷などを避けるよう住環境の見直しや、歩行時の介助には特に注意を払う。

❀ レビー小体病（レビー小体型認知症）
しょう たい びょう

◈ 主な原因と症状

- 大脳皮質の神経細胞内に**レビー小体とよばれる異常なたんぱく質**があらわれ、大脳皮質を脅かして脳の機能を損傷する疾患。
- **幻覚**がみられたり、**時間によってはっきりとしたりぼんやりとしたりする症状を繰り返す**。また、手足のこわばり、小股歩行、無表情など、**パーキンソン病と似ている症状**をあらわす。
こまた ほこう

◈ 主な治療法と予防

- 認知症治療薬の継続的な服薬を行う。また、パーキンソン病の症状に対しては、パーキンソン病治療薬などを使用する。
- 歩行がおぼつかなくなるため、**転倒やつまずきに注意**する。

◈ 介護ポイント

- パーキンソン病症状と同様、振戦（ふるえ）、小股歩行、すり足による転倒、つまずき、立ち上がりのふらつきが起きやすいので、**立位や歩行時の介助と安全性には特に配慮**する。
しん せん
- **幻覚**や**妄想**が生じやすいが、そうしたときには決して強く否定せず、**スキンシップや声かけなど安心させる方法**を探る。
- **同じ行動を繰り返す**ことがあるが、趣味や本人が好きなことなどへ誘導し、楽しさや癒やされる時間を実感してもらう。
い

！ こんなことに注意！

・**睡眠時**に**大声で寝言や奇声**を発することがあるが、**体をゆすって起こすと悪夢と混同してさらに興奮してしまう**ため、脳に直接届くように、室内を明るくしたり、目覚まし時計の音を鳴らすなどして自発的に目覚めさせる。

✿ パーキンソン病 <small>びょう</small>

✎ 薬剤に
ついてはP118

◈ 主な原因と症状

- 脳内の神経伝達物質である**ドパミンが著しく減少し、運動や精神にかかわる機能障害を起こす**疾患。
- **無表情、振戦（ふるえ）、小刻み（小股）歩行**、関節を動かす際にガクガクとした硬直などがみられる。進行すると、姿勢や歩行などの障害がみられ、寝たきりなどへと重篤化していく。

◈ 主な治療法と予防

- 欠乏しているドパミンを補うパーキンソン病治療薬や、ドパミン受容体作動薬などで症状を軽減させる。
- **前かがみ**の姿勢になったり**座位が保ちにくくなる**ため、歩行や立位など動作を行うときには**転倒しないよう注意**する。

◈ 介護ポイント

- ふるえや小股歩行、すり足などになりやすいため、**歩行時には安全なサポート位置を確保**し、つまずきを予防する。
- 筋肉のこわばりなどから前かがみの姿勢になりやすいので、医師の指示の下で、**矯正運動**（座位から両腕を頭に組んでもらい、後ろから上体を引き上げる）などで**拘縮を予防**する。
- お薬の副作用により**幻視**が生じることがあるが、強く否定せず声かけで安心させたり、お薬の量を調節するなどして改善する。

⚠ こんなことに注意！

・足を一歩出したときに前のめりの体勢になり、歩行が止まらず転倒してしまうケースがみられるため、**転倒→寝たきり→ADLの低下→認知症の発症や進行**をたどらないように、**歩行時の介助は入念**に行う。

❀ てんかん  薬剤についてはP103

◈ 主な原因と症状

- 何らかの原因で大脳の神経細胞に異常が発生し、**発作**が起こる状態。脳梗塞などの基礎疾患に起因する**症候性**と、原因不明の**特発性**とがある。
- 発作が起こると**倒れたり、全身のけいれんやこわばり、意識障害**などを生じる。**繰り返し発作が起こる**のが特徴。

◈ 主な治療法と予防

- 脳の神経細胞の興奮を抑える抗てんかん薬で治療する。発作の部位が明確であり、危険が少なければ手術なども行う。
- 長期的治療を要するため、**自己判断で服薬を中止しない**。
- **ストレスを減らし、規則正しい生活**を心がける。

◈ 介護ポイント

- 発作時は**意識をなくして倒れる**ことがあるため、頻繁に発作が起きる場合には、頭や体をぶつけないように**周囲の生活用具を取り除き、安全な広さや場所を確保**しておく。
- 発作時は**体をゆすったり動かしたりしない**。呼吸が**困難**なときには、衣服をゆるめ**気道確保**（P238参照）を行う。嘔吐がある場合には、**頭を横に向けて嘔吐物が詰まらないように**する。
- 著しい**けいれんが止まらない**ときには、速やかに**救急搬送**を行う。

! こんなことに注意！

・けいれんや強直から舌を噛むことがあるが、それらを防ぐために開口を保とうと、**何か物を咬ませたりタオルなどを詰めることは窒息の原因となるので絶対に避け**、適切な気道確保を直ちに行う。

❀ うつ病  薬剤についてはP109

◈ 主な原因と症状

- その人の性質などに特定の誘因が加わり、脳の神経伝達物質に**不調が起こる**とされる精神疾患。悩みやストレス、急激な環境の変化などがきっかけとなってあらわれることが多い。
- **口数が減る、無表情になる、閉じこもる**などの抑うつ症状がみられ、進行すると自殺願望などもあらわれる。

◈ 主な治療法と予防

- 神経細胞に情報を伝達する神経伝達物質セロトニンやノルアドレナリンの分泌を促進させる薬物治療のほか、心療内科などでのカウンセリングもあわせて行う。
- 原因となる**悩みやストレスを減らす**ことに努める。

◈ 介護ポイント

- 無理にやる気を出させようとせず、本人の話すことに耳を傾け、**ひたすら共感の意を示し信頼感を得る努力**をする。
- 「死」を口にしたり自傷行為などがみられた場合には、専門の機関にも協力してもらい、ご家族と連携しながらケアにあたる。
- うつ的な症状はないが、体の不調を訴える方の場合、**「仮面うつ」**が疑われるため、専門医への早期受診が重要となる。
- 再発しやすいため、**定期的な検査と服薬の見守り**を行う。

⚠ **こんなことに注意!**

・よくなってほしいからと、励ましたり説得するなどの**叱咤激励は逆効果**となるため、絶対に避ける。また、笑顔を引き出そうと大声を出して笑ったりすることもかえって心を閉ざしてしまうことがあるので、くれぐれも注意する。

 せん妄

主な原因と症状

- **身体的な不調や環境の変化、お薬の副作用**などから**一時的に起こる意識障害**。脳血管障害や糖尿病、術後、低栄養、脱水、睡眠障害などが原因となることもある。
- 夜眠れず、**昼間寝ぼけているような状態や幻覚、妄想、興奮、不穏、手のふるえ、記憶障害**などが生じる。

主な治療法と予防

- 原因疾患があればそれを治療し、薬剤の副作用の影響であれば、服薬量や種類、服用時間などの見直しを医師に相談する。
- 心理的な原因であれば、それを解決、緩和、軽減する。
- **見慣れた物や好きな物**をそばに置き、心を落ち着ける。

介護ポイント

- 幻覚や妄想が生じている際には、**現実の状態をきちんと明確に説明して理解を得られるように努め、安心させる方法を探す**。
- 脱水から一時的に生じている場合には、水分補給や点滴などによって回復することがあるので、**水分摂取**を十分に促す。
- **夜間**にせん妄が生じた際には、真っ暗な室内では不安が増すことがあるため、**居室を適度に明るくして安心してもらう**。
- 言葉を伝えるときには、**わかりやすくゆっくり話しかける**。

! こんなことに注意 !

・せん妄は、転居や入院、転倒や術後、住まいや交流関係の変化などから生じることがあるが、早期治療や適切なケアが遅れると症状が進行するため、**せん妄の症状がみられたら早めに受診してもらう**。

❀ 白内障・緑内障 <small>はく ない しょう　りょく ない しょう</small>

🔖 薬剤については
P142〜、145〜

◈ 主な原因と症状

- **白内障**は、眼球内の**水晶体のたんぱく質が変性し、白濁する**疾患。視力低下、目のかすみ、光をまぶしく感じたりする。
- **緑内障**は、**主に眼圧の異常から視神経に障害が起きる疾患。視力低下、視野狭窄、視野欠損**が生じる。徐々に進行する場合と急速に悪化する場合がある。

◈ 主な治療法と予防

- 白内障は濁った水晶体を除去し、眼内レンズに換える手術を、緑内障は眼圧を下げるために点眼剤やレーザー治療を行う。
- **長時間うつむいた姿勢は避ける。喫煙**は控える。**直射日光から目を守り、ビタミンC**の摂取に努める。

◈ 介護ポイント

- ふだんから**定期的に眼底・眼圧・視野などの検査**を行い、早期発見を心がけてもらう。
- 白内障は、現在日帰り手術ができるようにもなってきているが、術後は感染症が懸念されるため、毎日の薬物治療を欠かさないように、介護者は**服薬のサポート**に注力する。
- 術後や治療時の点眼の際には、点眼直後に目頭（涙のう）を押さえて薬の成分がよく浸透するように介助する。

⚠ こんなことに注意!

・**白内障**は**糖尿病の合併症**として起こりやすいので、併行して原因疾患の治療にも専念してもらう。**緑内障**では、**吐き気や嘔吐を伴う**ことがあるため**内臓疾患と勘違いしやすい**が、目の疾患も疑い、すぐに受診を促す。

聴覚障害
ちょう かく しょう がい

主な原因と症状

- 聴覚をつかさどる聴神経の障害により聞こえ方に異常がある状態。生まれつきの先天性と、加齢による老人性難聴や、お薬の副作用、騒音、中耳炎、耳垢塞栓などによって起こる後天性がある。
- 音全体が聞こえにくい、高音が特に聞こえにくい、歪んだり響くように聞こえるなどの症状が生じる。

主な治療法と予防

- 原因疾患があれば、それを治療し改善する。聴覚の程度に合った適切な補聴器を使用する。**耳垢の取りすぎに気をつける。**
- 騒音、睡眠不足、ストレスを回避し、血行を促す食生活を実践する。イヤホンなどを長時間使用することは控える。

介護ポイント

- 老人性難聴の場合、**高音の領域が特に聞こえにくくなる**ため、**低めの声で耳元でゆっくりはっきりと話しかける。**
- 耳垢塞栓や補聴器の不具合がないか、**定期的に点検**する。
- 聞こえにくいことで**コミュニケーションが減り、閉じこもりから認知症を招いてしまわないように**、どのような音が聞こえにくくなっているのかを介護にかかわるスタッフ間で話し合い、その対応や軽減策を考える。

⚠ こんなことに注意!

・**耳鳴り**やそれに付随する**めまい**、**嘔吐**などがあれば、直ちに受診し早期治療を。一時的なものと放置すると、別の疾患に進行するおそれもあるため、利用者の**聞こえの状態をよく観察**する。

❀ ノロウイルス

◆ 主な原因と症状

- 以前は小型球菌とよばれていたウイルスが体内に侵入感染して起こる食中毒の症状。経口感染が多く、ウイルスに汚染された生水や魚介類、野菜などの食品、発病者の排泄物などを媒介とする。夏場よりも**12〜1月の冬場に多く発生しやすいのが特徴**。
- 下痢、嘔吐、腹痛、発熱などが生じる。

◆ 主な治療法と予防

- 抗ウイルス薬がないため、栄養や水分を補う点滴などを行う。体内にウイルスが滞留しやすいとされるため、**止瀉薬（下痢止め）の使用は避ける**。
- 流行時期や免疫力が低下しているときは、**食品、調理道具**などはできるだけ**加熱・高温消毒**を行う。

◆ 介護ポイント

- 発病者が出たら、**介護者をできるだけ1人に限定**し、必ずウイルスから防護する**マスクと手袋**を着用し介護にあたる。
- **消化がよく栄養価の高い食事と水分摂取**を頻回に行う。
- 発病者の**排泄物が付着した着衣**は、**塩素系漂白剤（次亜塩素酸ナトリウム）**につけたり、**85度以上の熱水で1分以上洗濯**して、**高温乾燥**を行う。嘔吐物などが付着した床や家具は、**乾燥する前に塩素系漂白剤で消毒**し、その後拭き取る。

⚠ こんなことに注意!

・手を洗う際には、石けんを十分泡立て、ブラシなどを使用して手指を洗浄する。石けん自体には殺菌効果はないが、手の脂肪等の汚れを落とすことにより、ウイルスを手指から剥がれやすくする効果がある。

ノロウイルスを防ぐための対処策

食器類や食品

洗濯物

①食器や調理道具は次亜塩素酸ナトリウムで消毒するか、85度以上の熱水で1分以上の加熱殺菌をする。すすいだ後は高温乾燥させる。
（注：熱に弱い材質には注意しながら行う）

②抵抗力が衰えているときは、生野菜や魚介などの刺身は控え、できるだけ火を通してから食べる。

①嘔吐物や排泄物が付着した衣類や寝具類は、洗剤で静かにもみ洗いをする。

②次亜塩素酸ナトリウムの水溶液（塩素濃度約200ppm）で消毒するか、85度以上の熱水で1分以上洗濯をする。すすいだ後は高温乾燥および太陽光でよく乾かす。
（注：次亜塩素酸ナトリウムは、金属を溶かす作用があるため、水溶液で消毒した後は水拭きを行う）

アルコール消毒より塩素系溶剤での消毒を！

ノロウイルスは、エタノールなどアルコールに対する抵抗性が高く、効果が薄いといわれる。そのため、ドアノブやトイレの便座など多数の人が接触する箇所は、次亜塩素酸ナトリウムでの清拭を心がける。

❀ 歯周病  薬剤についてはP153

◈ 主な原因と症状

- 細菌の温床である歯垢が、歯と歯肉などに侵入感染し、口腔内障害を起こす疾患。**歯周病細菌**による感染症である。**喫煙と糖尿病**が二大危険因子とされ、**放置すると敗血症**などにも移行する。
- 強い口臭、口腔内のねばつき、歯茎の腫れ、出血、歯肉の退縮、歯のぐらつき、口内炎、肺炎などが生じる。

◈ 主な治療法と予防

- 感染原因である歯石や細菌の除去治療などを行う。同時に、**適切な口腔清掃**の指導も受ける。
- **禁煙し、毎日ていねいな歯みがきをする。** 食べものはよく噛んで**唾液の分泌を増やし、細菌の繁殖を予防**する。

◈ 介護ポイント

- 食後は**口腔清掃**（P227参照）を必ず促す。義歯ははずして専用洗浄剤などで洗い、その際、介護者は、う歯（虫歯）、欠損歯、歯茎の腫れや痛み、出血などがないかを点検する。
- **舌苔や頬の内側のねばねばした汚れ、抜歯箇所の汚れも、スポンジブラシ**などでやさしくこすって除去する。
- 経口摂取ができなくなると、口腔内はいっそう細菌の温床となるため、**口から食べなくても必ず口腔清掃を欠かさない。**

⚠ こんなことに注意！

・歯の欠損の放置や、唾液の減少による口渇が増すと、義歯が装着しにくくなったり、歯周病原菌による誤嚥性肺炎の危険性も高まるため、**つねに観察し、異常があればすぐに歯科医に相談**してもらう。

歯周病を予防する口腔清掃の手順

① 細菌がのどに入るのを防ぐために、上下とも奥歯から前歯に向かって汚れを落とす。歯茎だけの箇所も部分ブラシなどでやさしくこする。

③ 舌を前に出してもらい、スポンジブラシで舌の奥から先端に向かって軽くこすり、舌苔を除去する。

② 食べかすやねばねばした唾液がたまりやすい頬の内側は、やわらかいスポンジブラシや綿棒でやさしくこすり取る。

歯ブラシや歯磨き粉を嫌がる方には…

脱脂綿やガーゼを軽く濡らして指に巻き、歯ブラシ代わりに用いる。歯磨き粉のにおいを嫌がる場合は、殺菌効果のある緑茶で脱脂綿やガーゼを濡らして行ってみるのもよい。
（注：介護者は必ず手袋、マスクを装着して行うこと）

唾液の分泌を促す唾液腺と咀嚼筋

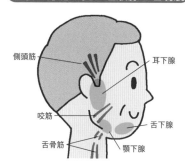

側頭筋
耳下腺
咬筋
舌下腺
舌骨筋
顎下腺

図の部位をよくもみほぐすことで唾液の分泌を促し、歯周病を防いだり飲み込みをよくすることにつながる。食前に行うとよい。

❀ インフルエンザ 🎐薬剤については P48

◆ 主な原因と症状

- **ウイルス感染症の一種**で、呼吸器などに侵入感染する疾患。主にA〜C型があり、**飛沫感染と接触感染**がある。
- 急激な発熱、悪寒、頭痛、倦怠感、吐き気、嘔吐、腹痛、下痢などがみられる。さらにひどくなると、**インフルエンザ肺炎**や**インフルエンザ脳症**などの合併症を生じる。

◆ 主な治療法と予防

- 発症後、48時間以内に抗ウイルス薬による治療を受け安静にする。
- **事前にワクチンの接種を受ける**。また、**室内の乾燥を防ぎ、換気**に努め、外出時にはウイルスを防ぐ**マスク**を着用する。

◆ 介護ポイント

- 飛沫から感染するため、**介護者をできるだけ1人に限定**し、ウイルスを防ぐ**マスク**と**手袋**を必ず着用する。
- **消化がよく栄養価の高い食事**と**水分**を提供する。
- **冬場に発症**しやすいため、**流行時期の1ヶ月前にはワクチンの接種**をすすめる。また、空気が乾燥してきたら、**うがい**、**液体洗浄剤などによる手洗い**、およびウイルスの感染を予防するとされる**アルコール消毒剤での手指の消毒**を促す。

⚠ こんなことに注意! ┈┈┈┈┈┈┈┈┈┈┈┈┈┈┈┈┈┈┈┈┈┈┈

・せっかく清潔に手を洗っても、その手で**蛇口を直接さわると再びウイルスが手に付着**することもあるので、**洗浄後はペーパータオルなどで手を拭き、そのペーパーで蛇口を押さえて水を止める**ようにする。

 低栄養

主な原因と症状

- **たんぱく質やエネルギーなどが不足する状態**。体調不良、ストレス、お薬の副作用による食欲不振、偏食、口腔機能や嚥下力の低下、食事の用意をしたり食べたりする意欲やADLの衰え、孤独感などが原因と考えられる。
- 疲労、運動機能・免疫力の低下、疾患の悪化などが生じる。

主な治療法と予防

- 血中のたんぱく質量をあらわす**血清アルブミン値を定期的に測定**し、医師や管理栄養士などによる栄養指導を受ける。
- **たんぱく質とエネルギーが豊富な食事**、および**水分**を摂る。
- **1日3食にこだわらず、何回かに分けて食べてもよい。**

介護ポイント

- 介護者は、***高齢者の推定エネルギー必要量・身体活動レベルⅡ（例：75歳以上の男性：2,100kcal、75歳以上の女性：1,650kcal）**を把握し、献立に役立てる。
- 動物性、植物性の両方のたんぱく質のほか、ミネラルが豊富で消化のよい食材を取り入れた食事を提供する。
- 食欲増進のために、毎日適度な運動や活動を促す。
- 盛りつけや食卓など、食欲をわかせる食事環境を工夫する。
  *厚生労働省が策定した「日本人の食事摂取基準」（2020年版）

！ こんなことに注意！

・**食材を小さくきざみすぎると、口内で食塊形成がしにくく、かえって誤嚥を起こすことがある**ので、筋切りや隠し包丁のほか、やわらかく煮たり、ゆでたり、提供するひと口の大きさを変えるなど工夫をしてみる。

❀ 摂食・嚥下障害

◆ 主な原因と症状

- むせやせきが生じる、咀嚼や飲み込みがしにくくなる、気道に食べものや唾液が入るなどを繰り返す状態。老化や口腔機能の低下、脱水、お薬の副作用、脳・呼吸器・神経系の疾患による後遺症などが原因とされる。
- 急激なやせや食欲低下、肺炎などが生じる。

◆ 主な治療法と予防

- 水を飲み込むときの状態や、食べものを嚙んだり飲み込むときの状態を確かめるための検査を受け、リハビリなどを行う。
- **食事時**はいすに深く座り、あごを引き首を少し前に曲げた姿勢をとる。
- 歯磨きや舌苔・粘膜の除去など、口腔清掃をきちんと行う。

◆ 介護ポイント

- 食事前には**嚥下体操**や唾液腺を刺激する体操のほか、**各種嚥下訓練**（P231参照）を一緒に行ってみる。
- **適度な粘度**や、**食塊形成しやすい食材や調理方法**を考える。
- 食事介助の際には、**食べものが残っていないか、きちんと飲み込めているか、頬の内側の確認やのどの動きの観察**をする。
- **食後と就寝前**には必ず**口腔清掃**を行い、**口内にトラブルがないか**もチェックする。

⚠ **こんなことに注意！**

・ベッド上での食事は、**誤嚥の原因**となりやすいため、**できる限り食卓のいすを利用する**か、どうしても無理な場合は、**上体が反らず、あごを突き出させない姿勢**で食事を提供する。

手軽にできる嚥下訓練

簡単な訓練なので、食前やレクリエーションの時間などに、利用者と一緒に行ってみましょう。

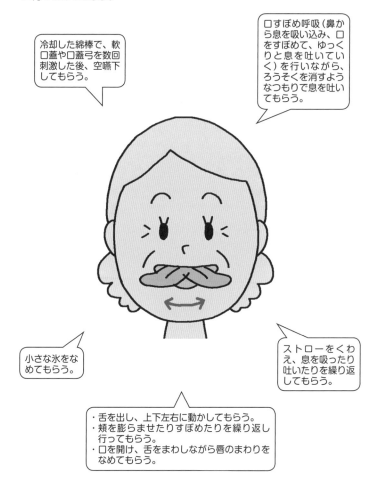

冷却した綿棒で、軟口蓋や口蓋弓を数回刺激した後、空嚥下してもらう。

口すぼめ呼吸（鼻から息を吸い込み、口をすぼめて、ゆっくりと息を吐いていく）を行いながら、ろうそくを消すようなつもりで息を吐いてもらう。

小さな氷をなめてもらう。

ストローをくわえ、息を吸ったり吐いたりを繰り返してもらう。

・舌を出し、上下左右に動かしてもらう。
・頬を膨らませたりすぼめたりを繰り返し行ってもらう。
・口を開け、舌をまわしながら唇のまわりをなめてもらう。

睡眠障害 <small>すい みん しょう がい</small> 💊薬剤についてはP114

主な原因と症状

- 自律神経のバランスが乱れ、交感神経の異常な緊張や興奮から**十分な睡眠や質のよい睡眠がとれない状態**。心因性や食事、嗜好品、お薬の副作用、認知症のほか、脳疾患などの後遺症が原因でも起きやすくなる。
- すぐ眠れない、途中で目が覚める、**早朝覚醒**などが生じる。

主な治療法と予防

- すぐに睡眠導入剤を使用せず、原因となっている疾患やストレス、悩みなどを軽減する方法を考える。**飲酒、喫煙、刺激の強い食べものや炭酸飲料の過剰摂取**は控える。
- 副交感神経を活性化させるとよく眠れるとされるため、**日中はできるだけ活動したり、趣味や好きなことを見つける。**

介護ポイント

- 睡眠を促す脳内のメラトニン物質を分泌させるために、**就寝の際には室内を薄暗くする。**
- 脳内のセロトニン物質を分泌させてスッキリした目覚めを促すために、**朝起きたら必ず窓を開け、太陽の光を浴びてもらう。**
- 昼夜の逆転や、夜間のせん妄などが生じるおそれがあるため、**昼寝は30分以内**にとどめてもらう。
- 交感神経が興奮するため、**高温の湯に浸かるのは避ける。**

! こんなことに注意!

・**寝酒**を飲まないと眠れないと訴える方がいるが、一時は眠ることができても、目覚めるとなかなか眠れず、逆に**睡眠障害の原因**となるため、**飲酒やカフェインは就寝の2～3時間前までとする**ようにアドバイスを。

 熱中症（ねっちゅうしょう）

主な原因と症状

- 電解質のバランスが崩れたり、体温調節がうまく機能しなくなることによって体内に熱がこもり、体の不調が生じる状態。屋内外を問わず急激な暑さや、長時間日差しを受けていたり、温度や湿度が高い場所に居続けることなどから起こる。
- 頭痛や吐き気、めまい、けいれん、意識障害などが生じる。

主な治療法と予防

- 安静にし、涼しい場所に移動させて衣服をゆるめる。耳の後ろや腋窩（えきか）などのリンパ腺を冷やす。吐き気がある場合は、嘔吐物（おうとぶつ）が詰まらないように*心臓を上側にして側臥位にする。
- 脱水を防ぐために、水分補給や点滴を速やかに行う。

  *片麻痺のある場合には、患側（かんそく）を上に向けること

介護ポイント

- 食事からも含め、1日1.5ℓを目安に水分摂取を行ってもらう。
- 塩分も同時に失われている場合があるので、体液の浸透圧に近いスポーツ飲料や、補水液（湯冷ましに砂糖、塩、レモン果汁などを少量入れて混ぜたもの）などを飲んでもらう。
- 晴れた夏場だけでなく、無風状態で曇った湿気の多い日も熱中症になりやすいので、室内温度の目安は28度以下に、湿度は60%以下を心がけ、風通しをよくしておく。

！ こんなことに注意！

・糖分や塩分の入った補水液やスポーツ飲料を摂取しすぎると、高血圧や糖尿病を誘発するおそれがあるため、塩分や糖分制限を受けている方への水分補給回数や摂取する塩分・糖分の量をきちんと記録する。

❀ 体温

◈ 判断と症状

- 体内の代謝による熱から生じる生体の温度。脳の視床下部に体温中枢があり、体温調節を行っている。
- 通常、*36度前後を**平熱**、*37度以上を**発熱（微熱）**、*38.5度前後を**高熱**とし、**42度以上**になると**生命維持は困難**となる。また、**35度以下**になると**低体温症**とされる。
- **ふだんから利用者の平熱値を把握**しておく。
- 風邪、肺炎、その他の感染症、脱水、腫瘍など各種疾患が考えられるため、**微熱でも軽視せず、つねに様子を観察**する。
- *各数値は明確に定義されておらず、利用者のふだんの数値や様子などから臨機応変に対応することが大切となる

◈ 体温測定の手順　*腋窩（わきの下）で測定する場合

①利用者の腋窩の汗や水分を拭き取る。
②体温計を45度の角度で挿入する。
③腕を軽く曲げてもらい、体温計を押さえる
*介護職には、電子体温計による腋窩と外耳道（耳の中）での測定と水銀体温計による腋窩での測定が認められている

◈ 介護ポイント

- 高齢者施設などで体温計を共有して用いる場合、測定後は必ず**次亜塩素酸ナトリウムの水溶液**などの消毒剤をつけたタオルなどで**体温計を消毒**し、感染予防に配慮する。

消毒

 血圧

◈ 判断と症状

- 血流が動脈の血管壁におよぼす圧力。体温と同様に年齢や日々の食事、活動状態によって変動する。
- 通常、**収縮期（最高）の血圧値が140mmHg以上、拡張期（最低）の血圧値が90mmHg以上**の状態が続くと**高血圧**と診断される。なお、**収縮期が***110mmHg以下**の場合、低血圧**という。
- **高血圧**の場合は、**糖尿病、腎障害、脳梗塞**などが、**低血圧**の場合は、**めまい、倦怠感**などが生じやすい。

*各数値は明確に定義されておらず、利用者のふだんの数値や様子などから臨機応変に対応することが大切となる

◈ 血圧測定の手順　手首で測定する場合

①利用者に起座位（無理なら仰臥位でも可）になってもらう。
②深呼吸などを行い安静にしてもらう。
③*自動測定器の付属カフを手首に巻き、カフを巻いた側の手の指を軽く握り、心臓に近づけ心臓と同じ高さで測定する。
　　　　　*介護職には、自動血圧測定器による測定が認められている

◈ 介護ポイント

- 血圧は1日のうちでも**時間帯によって変動しやすい**ため、できるだけ**同じ時間帯や同じ環境下で測定する**ようにする。
- 以下のような場合は、測定器を使用する前に医師に確認する。
  ・ほかの医療用具や機器との併用（電磁障害など相互作用のおそれがあるため）
  ・測定部位に疾患がある
  ・測定部位が点滴や輸血の最中である
  ・不整脈などがある

脈拍

判断と症状

- 心臓から動脈に送られた血液の圧力が、動脈壁を拡張させることで起こる動脈の拍動。**心臓に過度な負担**がかかると、**脈拍数が増す。**

- 脈拍数が**1分間に60回未満**なら「**徐脈**」といい、低体温、副交感神経系の緊張、薬物による副作用などが疑われる。一方、**1分間に100回以上**なら「**頻脈**」といい、発熱、脱水、甲状腺機能亢進症、肺疾患、心不全などが疑われるため、どちらもすぐに受診する。

脈拍測定の手順　橈骨(手首)動脈で測定する場合

①利用者に起座位か仰臥位になってもらい安静を促す。
②利用者の親指側の手首の動脈に人さし指・中指・薬指を軽くあて、1分間の脈拍数を数える。
③脈拍の速さや強弱も同時に確かめる。

介護ポイント

- 血圧が下がっているときは脈拍が確認しにくいため、**必ず血圧とあわせて測定する**ように心がける。

呼吸

判断と症状

- 肋間筋（ろっかんきん）や横隔膜（おうかくまく）の運動により肺の伸縮が起こり、体内に酸素を取り入れて二酸化炭素を体外に排出する運動（外呼吸）。
- 通常、**1分間の呼吸数は12～20回程度**とされ、**それ以上の場合は「頻呼吸（ひんこきゅう）」、それ以下の場合は「徐呼吸（じょこきゅう）」**という。

呼吸数の測定の手順　　胸郭（きょうかく）運動での観察

①利用者に起座位（きざい）か仰臥位（ぎょうがい）の姿勢をとってもらう。

②安静にし、深呼吸をしてもらう。

③利用者の胸郭部（きょうかくぶ）（胸の中央部）に軽く手をあて、1分間に胸郭部が何回動くかを数える。

④呼吸の速さや強弱、浅さや深さ、呼吸音、呼吸の仕方（口呼吸か鼻呼吸か）も同時に観察する。

介護ポイント

- **ふだんの呼吸数や呼吸時の様子を把握**しておく。また、以下のような様子がみられたら何らかの異常が考えられるため、**すぐに受診の手配を。**
  - ・起座呼吸…仰臥位では苦しく、上体を起こして呼吸している
  - ・過換気状態…息が荒く速くなる（1分間に30回以上）
  - ・チェーン・ストークス呼吸…浅い呼吸→深い呼吸→浅い呼吸→無呼吸を繰り返す
  - ・下顎（かがく）呼吸…下顎だけを動かして行う努力性の呼吸。非常に重篤（じゅうとく）な状態のときに起こる

意識障害

判断と症状

- 意識活動のレベルが下がり、外界からの刺激に対する心身の反応が低下した状態。
- **てんかん、脳疾患、糖尿病、脱水症、お薬の副作用、薬物やアルコール中毒**などが原因でも起きやすい。
- **肩をたたいたり声をかけても反応がない、目がうつろ、あるいは閉じている、見当識障害、痛みや光などの刺激にも反応がなければ意識障害と判断**し、**すぐに医療関係者**に連絡する。

意識がないときの対処法（気道確保）

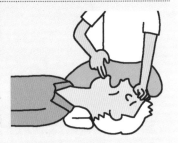

①直ちに**119番通報**する。その間、傷病者を**仰臥位**にし、**衣服のボタンをはずして呼吸を抑制しないようにする。**
②首の下にタオルなどを入れて**頭を反らし、あごを引き上げ**（頭部後屈顎先挙上法）、**気道を確保**する。
③**呼吸数、脈拍数**（できれば血圧、体温も）を確認する。
- 嘔吐がみられるときは、**体を横に向けさせ、嘔吐物がのどに詰まらないように配慮**する。

介護ポイント

- **事業所の責任者、担当ケアマネジャー、ご家族に連絡を。保険証、お薬手帳、使用薬**がわかれば揃えておく。
- 救急車の到着後、**経緯、容態、既往歴、服薬内容**を伝える。

✤ 呼吸停止

◈ 判断と症状

- 呼吸音が感じられないなど、自発呼吸が行われていない状態。
- パニック障害、低酸素症、重い喘息（ぜんそく）、呼吸器疾患、心疾患などが原因となりやすい。
- 気道を確保しても呼吸がない場合は、直ちに人工呼吸を行う。

◈ 呼吸が停止しているときの対処法

①直ちに**119番通報**する。その間、傷病者を仰臥位にし、**頭部後屈顎先挙上法で気道を確保**（P238参照）する。

②**衣服のボタンをはずして呼吸を抑制しないようにする。**

③**親指と人差し指で傷病者の鼻をつまみ、傷病者の胸部が膨らむまで傷病者の口に空気がもれないように1秒ほどかけて息を吹き込み人工呼吸を行う。3〜5秒に1度のペースで2回行いながら傷病者の反応をみる。**

④**反応がなければ心臓マッサージ**（P240参照）を**30回**（目安）と**人工呼吸を2回**、これを**1サイクルとして繰り返す。**

◈ 介護ポイント

- 人工呼吸を行う際、双方の感染を防ぐために傷病者の口腔（こうくう）粘膜に直接触れないで済むための**補助器具（ポケットマスクなど）**を、事業所や施設などに用意しておくとよい。

❈ 心停止

◈ 判断と症状

- 全身に血液が行きわたらなくなり、**心臓の動きが止まる状態**。主に**心疾患**などが原因となりやすい。
- 心停止になると、体が動かず**意識がなくなり**、**瞳孔が開く**。また、呼吸の停止により酸欠状態に陥るため、**神経細胞の壊死が起こり脳障害**を生じる。

◈ 心臓が停止しているときの対処法

①直ちに**119番通報**する。その間、傷病者を**仰臥位**にし、**頭部後屈顎先挙上法で気道を確保**（P238参照）する。

②**衣服のボタンをはずして風通しをよくし、安静**にする。

③**胸骨部の上に両手を重ねて置き、両肘を伸ばし体重をかけるようにして心臓マッサージ**（1分間に100～120回の速度）**30回と人工呼吸を2回**ずつ繰り返す。

④近くに**AED**（自動体外式除細動器）があれば**電源を入れ、音声ガイダンスの指示に従って電流ショックを与える**。

◈ 介護ポイント

- 蘇生するには心室細動の修復を要するため、**AEDによる電流ショックを行う**。そのため、介護者は事前に**AEDの研修**を受け、操作方法や機器に慣れておくようにする。

❀ 亡くなっている場合

判断と症状

- **生体反応がまったくない状態**。心疾患、肺炎、多臓器不全など、各種原因疾患により起こる。
- **人工呼吸**（P239参照）、**心臓マッサージ**（P240参照）を行い、**呼吸、脈、心臓音、瞳孔の散大、刺激に反応がないか**などを確かめる。反応が一切なければ亡くなっている可能性が高い。

亡くなっているときの対処法

①すぐに**事業所の責任者、担当のケアマネジャー、主治医、本人のご家族に知らせる**。その間、周囲の備品などには触れないようにする。

②**保険証、お薬手帳、使用薬**などがわかれば揃えておく。

③主治医が到着したら、亡くなっていた状態を**発見するまでの経緯と容態、既往歴、服薬内容**を伝える。

介護ポイント

- 亡くなっているか**判断がつきにくいときには、速やかに救急車をよび、その間に心肺蘇生を試みる。亡くなっていることがわかれば、24時間以内に医師が死亡診断書を作成**する必要があるため、自宅や施設などでの場合はすぐに**主治医に連絡し、死亡確認**をしてもらうように手配する。

人体図

【正面】　　　　　【背面】

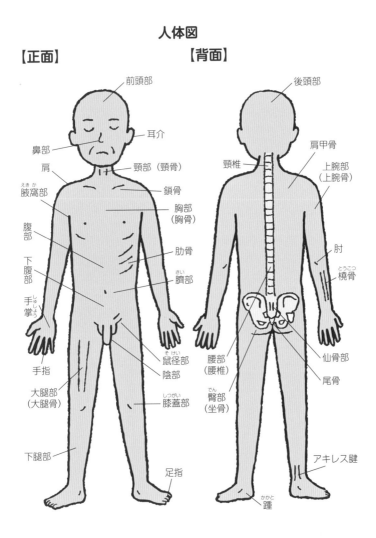

【正面】
- 前頭部
- 耳介
- 鼻部
- 肩
- 頸部（頸骨）
- 腋窩部（えきか）
- 鎖骨
- 腹部
- 胸部（胸骨）
- 下腹部
- 肋骨
- 手掌（しゅしょう）
- 臍部（さい）
- 手指
- 鼠径部（そけい）
- 陰部
- 大腿部（大腿骨）
- 膝蓋部（しつがい）
- 下腿部
- 足指

【背面】
- 後頭部
- 肩甲骨
- 頸椎
- 上腕部（上腕骨）
- 肘
- 橈骨（とうこつ）
- 仙骨部
- 腰部（腰椎）
- 尾骨
- 臀部（でん）（坐骨）
- アキレス腱
- 踵（かかと）

【眼球】

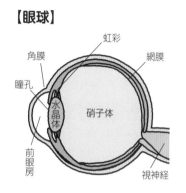

角膜
虹彩
瞳孔
網膜
水晶体
硝子体
前眼房
視神経

【耳】

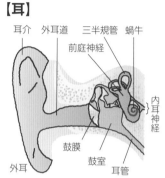

耳介
外耳道
三半規管
蝸牛
前庭神経
内耳神経
鼓膜
鼓室
耳管
外耳

【鼻・のど】

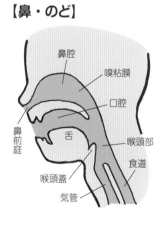

鼻腔
嗅粘膜
口腔
鼻前庭
舌
喉頭部
食道
喉頭蓋
気管

【口腔】

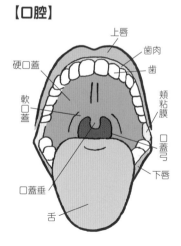

上唇
歯肉
硬口蓋
歯
軟口蓋
頬粘膜
口蓋弓
下唇
口蓋垂
舌

主な用語の索引

MEMO

この本の監修者・協力者

●**折井孝男**　　薬剤知識の監修
　　NTT東日本関東病院　薬剤部
　　東京医療保健大学臨床教授
　　『患者の疑問に答える実例から学ぶ服薬指導Ｑ＆Ａ』（共著）、『説明力
　　up！臨床で役立つ薬の知識』、『医薬品情報学』等、薬剤知識に関する著
　　書多数

●**稲川利光**　　医療知識の監修
　　原宿リハビリテーション病院　筆頭副院長
　　東京医療保健大学臨床教授
　　『リハビリテーションビジュアルブック』（共著）、『リハビリの心と力』等
　　著書多数。NHK Ｅテレ『福祉ネットワーク』に司会者としての出演経験
　　がある

●**郷　龍一**　　薬剤知識の改訂協力
　　日本医師会医療安全推進講習修了
　　患者や家族と医療関係者の意見をつなぐスタンスで編集・著述業に従事

●**大木一正**　　薬剤知識の執筆協力
　　品川薬剤師会監事　クリーン薬局

●**中村博昭**　　薬剤知識の執筆協力
　　品川薬剤師会専務理事　博芳堂薬局

●**加藤　肇**　　薬剤知識の執筆協力
　　品川薬剤師会会長　薬局しなやく

本書の記載内容に関しまして，法改正・正誤等の情報により変更等が生じた場合、弊社ホームページ内「法改正・追録情報コーナー」に掲載する予定です。
URL https://www.u-can.co.jp/book

執 筆 協 力　立花和弥
装　　　丁　林偉志夫（IH_Design）
本文デザイン　次葉
イ ラ ス ト　寺崎愛
編 集 協 力　㈱東京コア（西山正美）
企 画 編 集　㈱ユーキャン（大塚雅子）

介護で役立つ！　お薬&医学の知識

2021年5月17日　初　版　第1刷発行
2023年6月1日　初　版　第2刷発行

監修者　折井孝男／稲川利光
編　者　ユーキャン介護職のための薬剤・医療知識研究会
発行者　品川泰一
発行所　株式会社 ユーキャン 学び出版
　　　　〒151-0053 東京都渋谷区代々木1-11-1
　　　　Tel 03-3378-2226
編　集　株式会社 東京コア
発売元　株式会社 自由国民社
　　　　〒171-0033 東京都豊島区高田3-10-11
　　　　Tel 03-6233-0781（営業部）

印刷・製本　シナノ書籍印刷株式会社